特別支援教育のための
子ども理解と授業づくり

豊かな授業を創造するための50の視点

湯浅恭正/新井英靖/吉田茂孝
［編著］

ミネルヴァ書房

はじめに

　障害のある子どもたちの教育実践が特別支援教育として議論され始めてからおよそ10年が過ぎました。「障害児の教育は専門外だから」という考え方を変え，これまで「特殊な分野」だと見られてきた教育が，教育実践の重要な課題として意識されるようになりました。以前に比べて，職場で障害のある子どもをどう理解するのかなど，特別な支援が必要な子どもをめぐってよく議論されるようになったのではないでしょうか。しかし，こうした子どもたちを「困った子ではなく，困っている子だ」と理解しても，毎日の授業で何を大切にし，授業をどう進めればよいかに悩まれている方も多いことでしょう。
　本書は，特別支援教育の授業づくりに必要な「50のテーマ」を挙げています。そこに貫かれているのは「子どもたちを学びの主体に育てよう」という願いです。
　学習活動になかなか踏み出せなかった子どもが少しずつ動き始めるようになる……，そこには子どもの内面を理解し，居場所となる学びの場をつくる教師の指導が位置づいています。「学びの主体に育てよう」という実践の原則は，ただ子どもたちが動き出すという表面上の行動を問題にしているのではありません。安心して自分の気持ちを表現し，学びに参加できる場があってこそ，子どもは主体としての自分を発揮できるのだと思います。
　特別支援教育には，子どもの声を聴き，子どもとともに歩みながら，学びの場（学級）をじっくりとつくり出す私たちの姿勢が問われています。本書には，「教材づくり」「授業展開」のヒントを満載していますが，そこには子どもと歩むために私たち教師自身が主体として教材を解釈し，授業を展開しようとする思いが込められています。また，授業を振り返ることなど，「授業づくりの主体に成長していくための課題」も取り上げています。
　本書の「50のテーマ」は，特別支援学校・支援学級，通常学級それぞれにヒントとなる内容になってはいますが，どの場であっても障害のある子どもとともに歩む授業づくりの手かがりになる観点を示しています。それらは日々の教室で授業をつくるときに大切にしたい実践者の「見通し」であり，「仮説」です。テーマのどこからでもお読みいただき，「仮説」を手かがりにして授業に取り組まれ，ぜひ新たな「仮説」を立てて子どもたちとともに歩む特別支援教

育の授業づくりとその研究を職場において発展させていただければ幸いです。
　ミネルヴァ書房の浅井久仁人氏には,『よくわかる特別支援教育』(2008)でお世話になりましたが,それに続いて特別支援教育の授業づくりを考えようとする私たちの願いに快く応えていただきました。厚くお礼申し上げます。

編者を代表して　湯浅恭正

目　次

はじめに

第1章　授業づくりで悩んでいる先生へ

　総　説 …………………………………………………………… 2
　1　特別支援教育教師に求められる力──共感性とつながる力 …… 6
　2　授業づくりにつながる「子ども理解」とは？ ………… 8
　3　同僚教師とうまくチーム・ティーチングをするには ……… 10
　4　保護者とつながり，授業を発展させる ……………… 12
　5　楽しく授業づくりをするための教師の姿勢 ………… 14
　コラム　授業は生きている ………………………………… 16

第2章　子ども理解の基礎・基本

　総　説 ………………………………………………………… 18
　1　友だちとともに活動し，伝え合い，認め合う中で成長する ……… 22
　2　子どもの気持ちに共感し，代弁する …………………… 24
　3　子どもの自信を自己肯定感に発展させる ……………… 26
　4　子どもは自ら考え，選択し，決定することができる ……… 28
　5　「障害児」である前に「子ども」の教育 ……………… 30
　コラム　障害特性をどのように指導に役立てるか ……… 32

第3章　子どもの内面を育てよう

　総　説 ………………………………………………………… 34
　1　子どもの内面を育てるために大切なこと ……………… 38
　2　「できた」を実感できる働きかけ方 …………………… 40
　　　── E君の課題学習（お金の学習）における取り組み
　3　人やものとつながる作業学習 …………………………… 42
　4　叱る・ごほうびではなく，子どもを受け止め一緒に考える ……… 44
　5　内面の成長を社会につなげるために …………………… 46

コラム　子どもの内面を描くエピソード記述 …………………………… 48

第4章　みんなが居心地のよい学級をつくろう

　総　説 ………………………………………………………………………… 50
　1　子どもたちどうしのかかわり合いの中から学ぶ ……………………… 54
　2　学級（集団）の中に居場所をつくる──居場所を見つけたKさん ……… 56
　3　「みんなで朝の会」を通した集団づくり ………………………………… 58
　4　子どもたちが主導する楽しい行事 ……………………………………… 60
　5　集団意識の高まりは子どもの生活を広げること ……………………… 62
　コラム　文献や書籍から学ぶ教師 ………………………………………… 64

第5章　子どもどうしが高まり合う学級をつくろう

　総　説 ………………………………………………………………………… 66
　1　良さを認め合える学級をつくる ………………………………………… 70
　2　失敗や困難を学級全体で乗り越える …………………………………… 72
　3　対立する意見をどのように調整するか ………………………………… 74
　4　子どもたちの世界をつなぎ，融合するのが学級づくり ……………… 76
　5　やりたいことを共有し，「ごめんなさい」と言える力を育てる
　　　学級づくり ……………………………………………………………… 78

第6章　子どもに寄り添う授業を構想しよう

　総　説 ………………………………………………………………………… 82
　1　スキルの指導ではなく，子どもと対話する授業 ……………………… 86
　2　授業中の思いがけない「子どもの姿」を大切にする ………………… 88
　3　子どもに届く教師の働きかけ …………………………………………… 90
　4　子どもに働きかける時の「距離」と「間」 …………………………… 92
　5　子どもに寄り添う授業の展開──子どもに対する評価の言葉を精選する …… 94
　コラム　子どもへの指示のあれこれ ……………………………………… 96

第7章　豊かな授業を展開しよう

総　説 …………………………………………………… 98
1　子どもの顔が見える指導案を書こう ………………… 102
2　子どもの応答を予想しながら指導案を書こう ……… 106
3　子どもと教師の「ずれ」から授業を発展させる …… 108
4　子どもと教師が「分かった！」をともに味わう …… 110
5　授業づくりの先にある生活（社会・文化）とのつながり ……… 112
コラム　先輩教師のワザを盗もう ……………………… 114

第8章　子どもとつながる「教材」を開発しよう

総　説 …………………………………………………… 116
1　子どもの意欲を引き出す教材とは …………………… 120
2　教材を介してどのように授業を展開するか ………… 122
3　子どもと豊かなやりとりができる教材教具の開発 … 126
4　考える力をつける教材と授業づくり ………………… 130
5　授業の評価（子どもの姿）から教材の発展・改善へ … 132
コラム　子どもの生活と授業がつながる ……………… 134

第9章　授業を振り返る力をつけよう

総　説 …………………………………………………… 136
1　授業を評価する視点を持とう ………………………… 140
2　授業に参加しない子どもをどう評価するか ………… 142
3　実践記録を書こう①──子どもの内面を記述する … 144
4　実践記録を書こう②──教師の思いを重ねて書く … 146
5　実践記録を授業づくりに活用する方法 ……………… 148
コラム　世界に輸出される日本の授業研究 …………… 150

第10章　豊かな授業づくりのために教師集団を高めよう

総　説 …………………………………………………… 152
1　子どもの顔が見える研究授業をしよう ……………… 156

2	教師の同僚性と評価し合うことの大切さ	158
3	学校内外の教師サークルで高め合う	160
4	研究授業を通してカリキュラムを見つめ直す	162
5	学校・保護者・地域の教育課題と研究授業	164

第1章

授業づくりで悩んでいる先生へ

I 授業づくりで悩んでいる先生へ

総　説

1　「授業がうまくいかない原因」を見つめ直そう

（1）「子どもを楽しませる」のではなく，「教師が楽しむ」

　子どもの課題に合わせて一生懸命，授業を工夫して取り組んでいるのに，子どもはなかなか授業に積極的に参加してくれない。それなら，いっそのこと課題を与えるのではなく楽しんでもらおうと，子どもが興味を持ちそうな物を用意してみたところ，少し手にとって遊んだだけで，なかなか発展せずすぐに飽きて離席してしまう。

　こんな悩みを抱える先生は多くいることでしょう。このとき，「私は特別支援教育の専門性が足りないから」とか「もともと教師に向いていなかったかも」というように，自己否定的な気持ちになることも多いのではないかと思います。しかし，いつもと違う角度から「授業がうまくいかない原因」を見つめ直してみると，解決の糸口が見えてくることがあります。

　教師が一生懸命，考えて，工夫した授業には，それなりに意味があることが多く，子どもが授業に積極的に参加してくれなかったとしても，その意味がまったくなくなるわけではありません。それでは，この事態をどのように打開したらよいでしょうか。

　こうした悩みを抱える先生には，教材や授業展開の話をする前に，「子どもと一緒に授業を楽しんでいますか？」と尋ねることにしています。教師は子どもを楽しませようといろいろな教材を用意したり，工夫したりするでしょうが，どこかで「子どもを楽しませる」という意識が強すぎて，教師自身が心の底から「楽しいね」と感じていないことも多くあります（そんなことを感じている余裕がないというほうが正しいかもしれません）。こうした授業展開では，子どもはどこかで「やらされている」と感じてしまい，そうしたことが学習参加を阻害している原因となっていることがあります。

（2）教師が心躍らせて授業に参加できるか？

　そうではなく，教師も一緒に授業を楽しむ姿勢を見せてください。授業に参

加していない子どもから見れば，「先生がそんなに楽しそうにやっているなら，私（僕）もやってみようか」と思うような授業をつくることが大切です。もちろん，子どもをそうした気持ちにさせる教材や授業展開のコツのようなものはあるかもしれませんが，それ以上に授業に臨む「教師の心持ち」が大切なのではないかと考えています。

特別支援教育では，子どもの興味や関心をもとに授業を作るということが古くから基本とされてきました。その一方で，将来の社会的自立に向けて，自立に必要なスキルや態度をしっかり教えるということも重要視されてきました。この一見相いれない2つの考え（価値）を統合することが特別支援教育の授業づくりでは常に求められてきました。こうした中で築き上げられてきた指導方法とは，「子どもが関心を持って取り組める課題（活動）を通して，教師がスキルや態度をしっかり教える」というものではないかと思います。

こうした考え方は，それほど間違っていないようにも思えるので，先輩教師から後輩教師に無意識的に伝達されてきました。しかし，そこに決定的に欠けていたのが「教師が一緒に楽しむ」ということだったのではないかと考えます。もちろん，教師だけが楽しんで，子どもが置き去りにされている授業は論外です。しかし，今一度，教師が自分の心を躍らせて授業に参加しているかどうかを授業づくりの基本にすえてほしいと思います。

❷ 新しい学習理論から考える特別支援教育の授業づくり

以上のような，教師も子どもも授業に一緒に参加し，楽しみ，ともに「主体」であるという関係を「主体−主体」関係と言います。こうした関係にもとづいて行われる教育は，教師も一人の他者として，意見を述べることはしますが，それは「教師という権威」を子どもに示すことではなく，同じ土俵の上で，様々な意見を「提案」するように働きかけることが求められます。

そのため，子どもが授業に参加できずにいるときでも，「授業なのだからやりなさい」と指示・指導をするというかかわりは否定的に捉えます。そうではなく，「〜ならやる？」というように，選択肢を示しながら，誘うように働きかけることが主体−主体関係においては大切であると考えられます。また，「〜さんだったら，これできるよね」というように期待を込めて子どもに授業参加を促すような働きかけをすることが重要ではないかと考えます。

こうした指導方法は，近年の学習科学の研究知見で指摘されていることでもあります。すなわち，人はたとえ貧弱な選択肢であっても，「選択する」ことでやる気がでるし，賞罰を与えられるよりも「期待される」ほうが意欲的に活動に取り組み，結果として高い成果が得られるということが分かってきました（図参照）。

特別支援教育では，これまで子どもの学習を促進するために，主体性を大切

▷1 「主体−主体」関係とは，どちらかが一方的に指導・支援される関係ではなく，相互に意見を述べ合い，影響を受け，相互に変化していく関係を言う。近年，親子関係やアタッチメント（愛着理論）を研究している研究者の多くが，「主体−主体」関係の重要性を指摘している。

▷2 「学習科学」とは，人はどのような方法で学習をするのがもっとも効果的であるのかを研究するものである。近年は，ほめることで学習効果が高まるなど，学習者主体で学習することの重要性が多く指摘されている。

近年の学習科学の知見から
①「自分で決める」ことの重要性

たとえ貧弱な選択肢でも，自分で決めさせてくれるなら「やってもいいか」と思えるようになる。

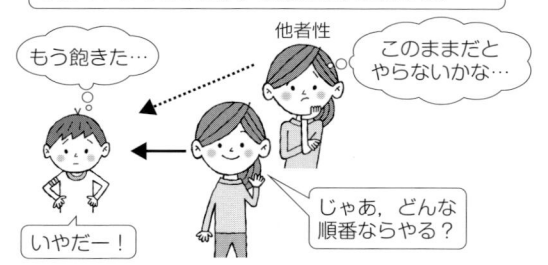

もう飽きた…
他者性
このままだとやらないかな…
いやだー！
じゃあ，どんな順番ならやる？

近年の学習科学の知見から
②「期待をする」ことの重要性

「ほめる」ことを科学すると…
「報酬」よりも「賞賛」が効果的である

もう飽きた…
ちゃんとできたら遊べるからがんばろうよ！
いやだー！
○○君ならできるよ！

にした学習方法が用いられてきましたが，今後は，教師を含めた関係性を意識して授業を展開していくことが必要です。

❸ 保護者を含めた学校全体の教育力を向上する

（1）価値観の違う人たちの「対話」が重要

以上のような子どもへのかかわり方は，学校全体で提供してはじめて効果的なものとなることは言うまでもありません。そのため，考え方の違う教師どうしで子どもとの関係性や距離感の保ち方について「対話」することが必要です。

例えば，「ダメなことはダメとはっきり伝えることが大切」と思っている先生と「ダメなことがなぜダメなのかを子どもに考えさせることが大切」と思っている先生の間には子どもへのアプローチが自ずと異なります。子どもがある問題行動を起こしたときに，こうした正反対の対応を一人の子どもに対して行ったら，当然，子どもは混乱するでしょう。そうならないようにするために，学校（あるいは，その構成員である教員集団）で，ある程度の方針を立てて共通した対応ができるようになることが重要です。

このためには，自分の気持ちを開示して，お互いが意見を述べ合える関係でいる必要がありますが，そうした関係は机上で資料を見ながら検討する「会議」で形成されるものではなく，放課後，職員室で「あの子は〜だよね。だから，こんな対応が必要なのかも…」といった立ち話的な，そして結論を早急に出さないような話のほうが形成されると考えます。

（2）保護者を巻き込んだ教育実践の展開

こうした知見は教師どうしだけでなく，保護者との関係構築においても同様です。子どもを教育するうえでは，家庭で子どもにどのようにかかわっているかはとても大きく影響します。特に，保護者が気になる行動を頻繁に取る子どもについては，家で否定的な言葉

「さりげなく」指導することはできるか？

遊びをやめられない子に対して

（わかっているけど）嫌だ！
遊びは終わり！早くして！
さりげなく帽子を渡す
仕方ないな。外に行くか…。

をかけている保護者も多く、それが学習意欲の低下につながっている子どもも少なくありません。

例えば、遊びをやめられない子どもに対して保護者がいつも「ダメ！」「終わり」「早くして！」という言葉ばかりを投げかけていたら、子どもは「分かっているけど、嫌だ！」という気持ちになってしまいます。その一方で、学校に行くために外に連れて行きたいのであれば、否定的な言葉を使わずにさりげなく帽子を「はい」と渡せば、「嫌だ〜」という感情がわき起こることなく、「仕方がない。外に行くか…」と思うかもしれません。

保護者がこうした「さりげない指導」をしている子どもと、否定的な言葉を日常的に投げかけられている子どもとでは、大人からの指示の受け入れや学習が難しくなったときにそれを乗り越えようとする気持ちに大きな差が見られます。そのため、教師は保護者と連携して、子どもの学習意欲を引き出す教育環境を作り上げていくことが大切だと考えます。

❹ 「働きかけること」よりも「応答すること」を考える

以上のような教育実践を展開する場合には、教師は「働きかけること」よりも「応答すること」のほうに注意を向けることが重要です。そのためにも、子どもと授業をしているときに、どのように子どもに応答しているのかを振り返ってみることが大切です。また、保護者と話をしているときに、一方的に子どもの話ばかりしていて、保護者の意見や思いにちゃんと「応答」しているかどうかを自問し、自らの教育方法を改善していくことが大切なことであると考えます。

具体的には、子どもや保護者とコミュニケーションをするときに、どのように「相づち」を打っているかを考え、様々な相づちのレパートリーを用意することが教師に求められます（下の例を参照）。本章では、こうした相づちをはじめ、子どもや保護者とどのように共感し、連携しながら、楽しく学校生活を送るかについて具体的に考えていきたいと考えます。

（新井英靖）

【子どもへの相づちのレパートリー（例）】

肯定的相づち：「ふ〜ん」「なるほど」「そうなんだ！」「え〜、そうなの？」「お〜！」「それいいね！」「ほんとう〜？」
否定的相づち：「いやだね〜！」「げ〜！」「あ〜あ」
会話をつなげる相づち：「○○君／ちゃんはどう思うの？」「そうなの？」

▷3 アタッチメント理論では、人間関係が形成されるプロセスで大切なのは「適切な応答関係」であると指摘されている。特に、相手が何気なく発信している表情やしぐさなどを捉えて、相手が表現しようとしている「意味」を捉えて「応答すること」が重要であると考えられている。

参考文献

鯨岡峻（1997）『原初的コミュニケーションの諸相』ミネルヴァ書房.
エドワード・L・デシ／リチャード・フラスト、桜井茂男訳（1999）『人を伸ばす力　内発と自律のすすめ』新曜社.
ポー・ブロンソン／アシュリー・メリーマン、小松淳子訳（2011）『間違いだらけの子育て』インターシフト社.

Ⅰ　授業づくりで悩んでいる先生へ

1　特別支援教育教師に求められる力
──共感性とつながる力

1　子どもを知る──Ａくんとのかかわりを通して

（１）Ａくんとの出会い

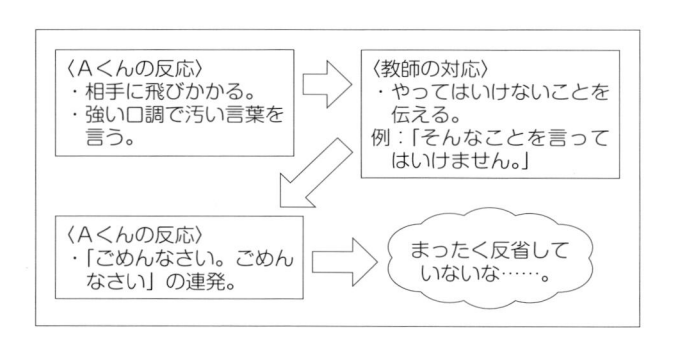

〈Ａくんの反応〉
・相手に飛びかかる。
・強い口調で汚い言葉を言う。

↓

〈教師の対応〉
・やってはいけないことを伝える。
例：「そんなことを言ってはいけません。」

↓

〈Ａくんの反応〉
・「ごめんなさい。ごめんなさい」の連発。

→ まったく反省していないな……。

　小学校から特別支援学校に転校してきたＡくんは，衝動的で感情のコントロールが難しい児童です。
　例えば，Ａくんの筆箱を友だちが間違って触ってしまったとします。そのような状況になるとＡくんは，左図のような反応を示します。そして，教師はＡくんを叱責し，Ａくんは謝罪の言葉を言います。しかし，教師の中には，「本当に反省しているのだろうか」という疑問や「何度言っても分からない子」という思いが募っていきます。これでは，何度も同じことを繰り返すだけで，Ａくんの様子にはまったく変化は見られません。そこで，教師はＡくんの気持ちになって考えてみることにしました。

（２）手がかりを見つけ，教師が変わる

　まずは，Ａくんがこのようにしてしまう理由を考えました。Ａくんの場合，自分が予測していないことが起こったり，家庭で怒られてしまった日や睡眠がじゅうぶんでないときなどに，特にイライラ感が強くなることに気が付きました。
　また，Ａくんの成育歴や家庭環境を調べてみると，「困った子」と思われて過ごしてきた期間が長く，そのため家庭でも怒られることが多く，形のうえで「ごめんなさい」と言って許してもらった経験をたくさんしてきたのではないかとも考えられました。そして，Ａくんにしてみれば，「どうして周りは自分の気持ちを分かってくれないのか」「なぜ僕だけ怒られるのか」という思いがあることに気が付きました。
　このように考えると，一番困っているのはＡくんだったのかもしれません。そこで，Ａくんには，事前に起こるかもしれない様々な状況を伝えておくこと，またその日の表情をよく見て，家庭での出来事を聞き，否定するのではなく，どうしてそのようなことになってしまったのか振り返りながら教師と話す

▷1　子どもを理解しようとするときには，実態把握だけでなく，その言動の背景に何があるのかを分析することが必要である。そのようにすると，その子の言動の意味をより深く理解することができるようになる。

時間を作るようにしました。

　さらに、相手が意図的に行っていない行動（Aくんのものを間違って使ってしまうなど）をとった時には、相手の子に対しても状況を説明し、Aくんだけが怒られるという状況にならないようにしました。その一方で、Aくんに対しては、大切なものに触れたら嫌だという気持ち、そして相手の気持ちも考えてあげることの大切さを伝えるように支援しました。

　このように対応することで、Aくんは自分でイライラしてきてしまったときにも、少しずつ落ち着いて友だちとかかわったり、教師にイライラしていることを言葉で伝えたりすることができるようになっていきました。

❷ 共感的につながるということ

（1）想像力を働かせて相手を理解する

　以上のようにAくんが変化していったのは、教師が特別支援教育の指導テクニックをたくさん持っていたからではなく、Aくんのことを共感的に理解し、Aくんとつながることができたからだと考えます。共感的理解についてロジャースは、「相手の内的世界の個人的意味をあなた自身のもののように感じながら、決して"〜のような"という性質を失わないようにすること」と言っています。つまり、共感的に相手を理解しようとするときには、「このように感じているのだろう」という想像力を働かせながら、自分の経験と結びつけて相手の気持ちを考えていくことが必要となるということです。

（2）「振り返り」を通して成長する教師

　特別な教育的ニーズを必要とする子どもたちに対しては、いくつもの有効とされる支援方法があり、研修会などで技術や方法の引き出しを増やすことも大切です。しかしながら、それだけでは多様な子どものニーズに対応しきれずに壁に突き当たってしまうのではないでしょうか。そのような状況を打破するためには、技術の習得だけでなく、特別支援教育に携わる教師として、子どもと同じ目の高さで見て、考えることが必要です。そのような教師としての力量を、どのように身に付けていくかが教師としての成長の鍵となります。

　そのためには、教師として、日々のやり方に満足するのではなく、よりよい指導法を探求していく意欲を持ち続けることが大切です。そこには、教師としての「振り返り」が必要となります。そして、「振り返り」をするためには、周りの意見に耳を傾ける姿勢や、自分から意見を求めていく謙虚さが必要だと思います。そうした姿勢を保つことで、特別な教育的ニーズを持つ子どもたちを理解しながら、つながっていくことができるのだと思います。

（菊池雅子）

▷2　ロジャースは、カウンセリングの技法として、クライエント中心療法を提唱した。クライエント中心療法では、カウンセリングの主導権はクライエント側にある。カウンセラーは、受容・共感的理解・自己一致の姿勢を持ちながら、クライエントの「自己概念」と「自己経験」を一致させていくことが必要であるとした。
C.ロジャーズ（1967）『人間関係論』岩崎学術出版社，51頁。

▷3　教師にとっての「振り返り」とは、その日の子どもの様子を記録するときや他の教師と相談する中で、その時その時の子どもの反応を思い返すことから始まる。教師の支援に対して、子どもたちがどのように反応していたかを思い出すことで、「気づく」ことできる。その「気づき」ができてこそ、次のステップに子どもたちを導いていくことができると考える。

【参考文献】
岡田敬司（2007）「受容的・呼応的かかわり」『かかわりの教育学』ミネルヴァ書房，168-185頁．
新井英靖（2010）「『気になる子ども』の理解と支援」『気になる子ども』の教育相談ケース・ファイル』ミネルヴァ書房，37-45頁．

Ⅰ 授業づくりで悩んでいる先生へ

2 授業づくりにつながる「子ども理解」とは？

1 子どもを深く理解したい！

　特別支援教育において，多くの授業は，通常の小中学校と比べると少人数で行われています。子どもたちが，それぞれの目標に応じてより細かい支援を必要とする場合，教師と1対1で授業の課題に取り組むことも少なくありません。子どもたちの伸ばしたいところを狙う授業をつくるために，子どもについての理解を深めることは必須条件と言えます。

　例えば教材を作ろうとする時，子どもたちの顔を思い浮かべ，「どんな教材なら興味を持ってくれるだろう」「彼らはどんな物が好きなんだろう」と考える先生は多いと思います。好きな色やキャラクターなど様々な観点で考えます。

　しかし，「好きな物」という表面的な理解では，子どもを深く理解したとは言えないのではないか——と，当時は冷静に考えられなかった筆者が，無我夢中で取り組んでいた「子ども理解」の過程を，ここで少しご紹介します。

2 「子ども理解」が大事なのは分かっているけど…

（1）新米教師の「子ども理解」

　　発語はなく，発声や身振りなどで自己表現していたAさんは，20分間の課題学習に集中して取り組むことが難しいお子さんでした。複数の子どもたちを担当していた私は，Aさんだけが集中できないのはなぜか分からず，悩みました。教材への興味の度合い，座席の位置，目の前の教師と遊びたいという気持ち，様々な原因を想定し，自分なりに改善しました。

　まず，教材の素材を吟味しました。Aさんは柔らかい手触りの物が好きだったので，色や形を弁別する教材をフェルトで作りました。しかし，数回取り組むと飽きたようで，私の反応を見ながらフェルトの教材を投げてしまいました。

　次に，学習する場所も検討しました。自由時間や気持ちを落ち着けたい時にAさんがよく行く教室の隅に，座席を配置しました。離席の回数は減りましたが，隙を見ては目の前の私めがけて，遊んでくれと言わんばかりに抱きついてくることが毎回必ずありました。

　自分なりに改善したつもりでも，課題学習の20分間は良くなりませんでした。集中できないと課題に取り組めない，そして力がつかない，どうしたらよいの

かと焦るばかりでした。しかし，今考えると，新米教師の付け焼き刃で解決できるほど甘くはなかったのです。

（2）手がかり探しに貪欲になろう

大きな手がかりになったのは，周りの先生方からの様々なアドバイスでした。教材の材料やデザインについて，教材の提示の仕方について，教師が座る位置について，授業の細部にわたっていただいたご意見をもとに，試していきました。自分だけでは気づかない部分をたくさん補っていただき，改善していくことで，Aさんは少しずつ集中できるようになってきました。

改善していく中で一番のターニングポイントとなったのは，課題学習の様子を記録し，客観的に見てくださった先輩の先生と対話をした時でした。Aさんが教材を投げた時，抱きついてきた時など，集中できなかった場面の前後に私がどんな支援をしていたのか，どこを見ていたのか，どんな言葉をかけていたのか，先輩の先生と一緒に，記録をもとにその場面での「思い」を振り返る時間を設けたのです。

「この時どう思った？」と私の思いを振り返るだけでなく，「じゃあその時Aさんにどう思っていたと思う？」とAさんの思いも想像し，振り返りました。授業中のAさんの思いを想像することで，Aさんと私の気持ちのずれや，自分の無自覚な思いなどが明らかになり，支援や教材の改善につながっていきました。

「子どもたちが『おもしろい』『分かった』と思う授業をしたい」と考え，授業づくりに取り組んでいたはずが，いつの間にか教師主導の授業になっていたと気づいたのは，「思い」を振り返ったことがきっかけでした。「これなら色の弁別ができるのではないか」と考えて作った教材が，Aさんにとっては「そうやって使うの？ おもしろくないよ」「じゃあ投げちゃえ！」と感じたのではないか，今はそう振り返られるようになりました。

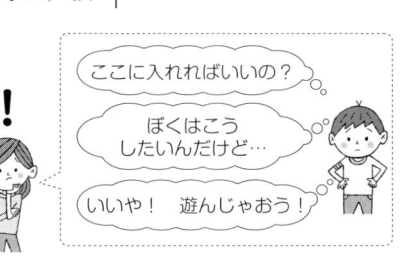

3 「よりよい」授業づくりのための「子ども理解」

教員生活初年度に私が最も改善できたと感じたのは，授業づくりの方法でも教材作成の仕方でもなく，私自身の意識でした。子どもの立場で考えた「つもり」だった私が，子どもの「思い」を振り返ることに意識を向けたことで，子どもと私の関係性は変わりました。

授業づくりをするにあたって，子どもの興味関心や課題を把握することは大切です。しかし，子どもと授業者との関係性や授業の中でのかかわり合いについて振り返り，次の授業準備につなげていくこともまた，よりよい授業づくりのために必要だと考えます。子どもの思いを振り返るという意識を持つことで，日々変化する子どもとの関係性のように「子ども理解」が変遷し深まっていく喜びや楽しさを，ぜひ感じてほしいと思います。

（桑田明奈）

参考文献

新井英靖（2010）「授業実践と授業評価」渡邉健治・新井英靖編著『特別支援教育における子どもの発達と教育方法』田研出版，169-178頁．

Ⅰ 授業づくりで悩んでいる先生へ

3 同僚教師とうまくチーム・ティーチングをするには

1 T2の私はどのように指導したらいいの？

　特別支援教育では，複数の教員が小集団の子どもを指導するチーム・ティーチングを取り入れている授業が多くあります。特に，在籍児童生徒の障害が重度・重複化している特別支援学校においては，子どもの発達の状況に応じて働きかけを変えて効果的に学習できるようにしたり，学習に参加することができずにグループから外れてしまった子どもに再び興味を持ってもらえるように働きかけるなど，T2の役割は多岐にわたっています。

　このとき，特別支援教育の経験の浅い教師は，「一緒に組んでいる先生の意向に沿ってどのように自分は動けば良いのか？」と悩むことでしょう。また，略案だけが示されている大人数の授業（学部全体で行う体育など）では，担当の子どもにどのように指導したら良いか分からないで困ることも多いのではないでしょうか。

　ここでは，チーム・ティーチングの指導において教師がどのような点に留意して授業に臨めば良いのかについて整理してみたいと考えます。

2 子どもの学習を効果的にするT1とT2の動き方

（1）同僚教師とどのように連携するか

　T1とT2の役割を大まかに分類すると，「授業の進行に責任を持つT1」と「個々人の学習をより効果的なものにする指導を提供するT2」というようになります。もちろん，この2人は授業が始まる前に，①子どもの実態，②授業のねらい，③教師の動き方などについて，話し合い，確認しておくことが必要です。しかし，これは必ずしも机上で学習指導案を検討しなければならないというものではなく，「日常的に立ち話をしながら」「次はこんなふうに指導してみようか」と具体的（実践的）に話し合うことが重要であると考えます。

▷1　チーム・ティーチングではメイン教師とサブ教師というように表現することもある。しかし，たとえ授業を主として進行する担当者ではない役割（サブ教師）であっても，教師は子どもの実態に合わせた意図的な指導を行う必要がある。そのため，本節では，すべての教師が指導者であるということを表現するために，T1（ティー・ワン），T2（ティー・ツー）と記述する。

▷2　知的障害児の特別支援学校では，国語や算数などの授業で5人程度の子どもを2人から3人の教師で指導する形態が多い。一方で，肢体不自由児の特別支援学校で，重度・重複障害のある子どものグループを指導する場合には，5人程度の子どもに対して教師が4人から5人配置されているなど，ほぼマンツーマンに近い状態で授業を行っている。このように，チーム・ティーチングの人数については学校種別や学部などによって異なる。

▷3　T1・T2がどのような役割を担い，授業でどのような指導技術を発揮することが求められるかについてまとめた研究報告書として，「茨城県教育研修センター（2000）特殊教育諸学校におけるティーム・ティ

参加できないA児

T2（個別指導）　ああ，また外れちゃった　T1（全体指導）

（1）T2は授業の流れの中で子どものつまずきを捉え，指導する役割

　ある課題学習を例に挙げて考えてみよう。例えば，知的障害児5人のグループを2人の教師で指導する場面で，そのグループの子どもたちを担任している正規教員とその授業だけ教えにきている時間講師の教員が指導担当だったとしたら，どちらがT1をするほうが子どもたちの学習を効果的に進めていけるでしょうか。

　この答えは人によって分かれるかもしれませんが，「T1をするのは時間講師のほうが良い」と答える教師もそれなりにいるのではないかと考えます。なぜなら，授業の進行役であるT1は大まかな学習指導案があって，ちょっとした打ち合わせができれば遂行できますが，T2は授業の流れの中で子どものつまずきを予想し，つまずきに応じた個別的な対応を考えられなければならないからです。こうした意味では，豊富な経験や教育技術を持っている教師のほうがT2の役割を担うのにふさわしいと考えられます。

❸ T2の学習指導案を書いてみる

　以上のように，T1とT2には共通理解が必要な点とそれぞれ別の動きをしなければならない点があります。授業の中で子どもの学習を効果的に進めるために，こうした異なる動きを複数の教員が意図的に行うのであれば，T1とT2それぞれの動きを記述した学習指導案を作成することが必要になるでしょう。

　T1とT2のそれぞれの動きを学習指導案に記述するために，一般的な学習指導案を簡単に改変して作成するとしたら下図のようになります。

時間	学習活動	T1	T2
導入 5分	子どもがどのような活動をするのか中心に書く	T1の動きと留意点を中心に書く	T2＝子どものつまずきにどのように対応するかを中心に書く
展開① 15分			
展開② 20分			
まとめ 5分			

　こうした学習指導案を作成して授業に臨めば，それぞれの教員の動きとその意図が同僚教師と共有することができます。つまり，チーム・ティーチングで悩んだときには，こうした学習指導案を書いて，同僚教師と効果的な授業の進行について話し合ってみると良いのではないかと考えます。　　（新井英靖）

ーチングの在り方［個を生かす支援としてのティーム・ティーチング］」がある。
http://www.center.ibk.ed.jp/contents/kenkyuu/houkoku/data/041/index.htm
（アクセス日：2012年11月12日）

▷4　教師10人で指導する大人数の授業であれば，T1〜T10まで横長につなげた学習指導案を作成することもできる。一方で，「T1」「T2〜T4」「T5〜T7」というように，同じような動きをする教員を一括りにして記載する方法もある。

参考文献
新井英靖（2007）「教育実践と教師の専門性」大沼直樹・吉利宗久編著『特別支援教育の基礎と動向：新しい障害児教育のかたち』培風館，211-220頁．
木村重文（2008）「チーム・ティーチングの研究と授業実践」湯浅恭正ほか編著『特別支援教育のカリキュラム開発力を養おう』黎明書房，84-92頁．

I 授業づくりで悩んでいる先生へ

4 保護者とつながり，授業を発展させる

① 保護者とともに授業をつくる

（1）生活単元学習「仕事をする人」での取り組み

小学部高学年生活単元学習での取り組みです。図のように5年生から6年生にかけて系統性を持たせた単元を設定しました。

この単元は，身近な人の仕事を見たり調べたり，体験してみたりすることを通して，社会にはいろいろな職業があることが分かり，仕事に対する興味や関心を高めるということをねらいに授業を展開していきました。

〈5年生〉
1 家族の仕事を知ろう
2 家庭でお手伝いをしてみよう
3 係の仕事をしてみよう
4 学校での中で働く人を知ろう
5 学校の周りで働く人を知ろう

↓

〈6年生〉
1 5年生の学習を振り返ろう
2 作業学習を見に行こう
3 作業学習を体験してみよう
4 自分のやってみたい仕事を考えてみよう

単元の導入として，もっとも身近にいる家族の仕事や家庭の中での自分の役割について知ることで，「仕事」というものがイメージしやすくなるのではないか考え，お父さん，お母さんの仕事についてインタビューをしたり，写真を撮ってきてもらったりしました。中には，自分の職場に子どもを連れて行って見学させてくれたり，食事の準備や掃除など一緒にやってみたりして，進んで学習に協力してくれた保護者もいました。

（2）学習を通して保護者が気づく

この学習は，子どもたち自身が家庭や学校での自分の役割について実感を持つことが大切だと考え取り組みました。そしてそのことが，社会の一員として役割を担うことの意味，自分の得意なことや好きなこと，大きくなってやってみたいことにつながっていくのではないかと考えました。こうしたねらいで授業を行うためには，身近な存在である保護者の協力が必要と考え，授業の主旨を保護者に伝え一緒に取り組んでもらいました。

▷1 保護者に協力を依頼するときには，授業の目的について，簡潔に分かりやすい言葉で伝えることを心がけることが大切である。また，協力してほしいことについては，例を挙げて具体的に説明すると伝わりやすい。

この学習を通して，子どもたちは自分の役割というものが子どもなりに理解できるようになり，家の中で進んで手伝いをするなど変化が見られました。また，保護者にとっても子どもに何ができるのか，今何をしておかなければならないのか，将来を見据えた家庭教育の大切さを感じてもらう良いきっかけになったようでした。将来像というものは，障害を持つ子どもたちにとっても，また保護者にとっても見通すことの難しい問題ですが，こうした授業を展開すれば，お互いに子どもの進むべき道を見つめる機会が得られます。

② 保護者と連携するとは？

（1）保護者との関係づくりに必要なこと

ただし教師側の意図することを理解して，家庭でも協力してもらえるような関係は，いつでもすぐに築くことができるものではありません。保護者との関係は，日々のやり取りの中で少しずつ築いていくものです。

例えば，特別支援学校では，毎日連絡帳でのやり取りをします。また何か必要なことがあれば電話をすることもあります。このようなツールをどのように使っていくかで，保護者との連携にも違いが出てきます。

さらに言えば，連絡帳では，うまくできたことやがんばったことなどを伝え，保護者にとってよい印象となるようなことを書くようにします。一方で，顔を見て伝えたり様子をうかがいたいような内容のときには，電話や保護者が来校した時を見計らって伝えるように工夫することを心がけます。また，顔を見かけたら自分から話しかけるなど日々の積み重ねを通して，保護者との距離を少しずつ縮めていくことが保護者との関係づくりには大切です。

（2）保護者の気づきを支える

特別な教育的支援を必要とする子どもを持つ保護者にとって，子どもの障害を受容するということは，とても難しい問題です。このような親の心理的な反応をドローターは，ショック，否認，悲しみと怒り，適応，再起の5段階で示しています。保護者は障害を持って生まれてきたわが子に対して，複雑な思いが重なり合った状態にいます。そのため教師は，保護者の複雑な心情に寄り添う傾聴的姿勢を持つことが求められます。

しかしながら，教師は，傾聴的姿勢を持ちつつも保護者の「気づき」を促していくことが必要です。なぜならば，子どもの成長のためには，保護者と教師が同じ方向を向いていくことが望ましいからです。そこで，例えば前述のような保護者を巻き込んだ授業を展開し，保護者自身が子どもの実態について気づくように，教師からアプローチしていくことも必要となります。こうした支援は，教師の相互協調性を発揮した保護者へのアプローチと言うことができ，保護者の意識変容につながります。つまり，保護者と教師が，子どもにとって何が必要なのか，同じ視点で見守っていくことができる授業を展開していくことが大切だと考えます。

（菊池雅子）

▷2 障害受容の段階説で言われるように，いくつかの段階を経て最終的に受容に至るという基本のスタイルは変わらない。しかしながら，子どもの発達が加速し障害がなくなるのではないかという期待感や，やはりなくならないであろうという落胆の間で，保護者の気持ちは常に揺れ動いているものである。
秦野悦子（2000）『生きたことばの力とコミュニケーションの回復』金子書房，162頁。

▷3 行為とは，その人の性格や能力が，周囲の状況や他者との関係性の影響を受けて起こるものである。そのため，他者の行為を考えるさいには，周囲の状況にも目を向け，他者と協調的にかかわっていくことが必要になる。

参考文献

中田洋二郎（2003）「子どもの障害をどう受容するか」『障害受容と障害の告知』大月書店，29-47頁．

Ⅰ 授業づくりで悩んでいる先生へ

5 楽しく授業づくりをするための教師の姿勢

1 授業の導入に読み聞かせを行う──Dさんとのかかわりを通して

授業を始めるときに，子どもが今していることから切り替えることが難しかったり，着席を促そうとするとパニックを起こして授業に取り組むことが難しかったりという経験はありませんか。ここでは，楽しい授業づくりのコツの一つの方法として読み聞かせの実践を紹介したいと思います。

（1）自分の役割を持つ

Dさんは，絵を描いたり音楽を聴いたりと自分の好きなものをしっかりと持っていて，一度活動を始めると「絵が描き終わるまで」「CDが終わるまで…」と切り替えることが難しい子どもでした。私は，国語・算数や生活単元学習などの導入として読み聞かせを行いました。

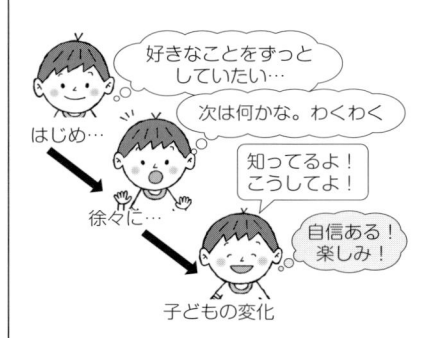

それは，「勉強を始めるよ」という姿勢を見せるのではなく，「楽しいことを一緒にしようよ」と投げかけるためです。具体的には，「おおきなかぶ」などを読みながら，ともにストーリーに関連する活動（登場人物や動物の台詞の一部を言ったり，登場人物のペープサートを用意して操作したりするなど）を設定しました。始めは「ねこはDさんやってみよう」と前もって伝えました。始めのうちはねこの出番になるとお話が一旦中断したり，離席をしたまま台詞を言ったりしていました。徐々に出番の直前に自分の席に戻ってくるようになり，担当する役を伝えることをやめると（聞いてきたときは「お楽しみに」とはぐらかしました）授業開始には着席していました。Dさんは，参加することに楽しみを感じ，自主的に学習に向かうようになりました。

（2）お話に変化をつける

同じ繰り返しの中で「ただやればいい」と子どもたちがルーチンワークに陥るケースも少なくありません。2，3冊を並べてどちらがいいかをみんなで話し合って決めてもらったり，お話に少しの変化をつけたりしました。具体的には，登場人物（動物）を変えたり，時にはDさんの描いた絵に教師や子どもたちの名前を付けてペープサートにしたり，「おおきなかぶ」を友だちの好きな

▷1 読み聞かせ（よみきかせ）は，主に乳幼児期から小学校年齢の子どもに対して，話者がともに絵本などを見ながら音読することである。情操教育・文字の習得などに効果があり，集中して話を聞く力にもつなげることができる。

▷2 絵本『てぶくろ』（ウクライナ民話）（エウゲーニー・M・ラチョフ絵／内田莉莎子訳，福音館書店）

『おおきなかぶ』（A・トルストイ作，佐藤忠良絵／内田莉莎子訳，福音館書店）

『それはひ・み・つ』（エリック・バトゥー作・絵／石津ちひろ訳，講談社）

この3冊は登場人物（動物）が多く，順番に登場してくるので集団や個人の役割を意識するためには活用しやすいと考えられる。

▷3 ルーチン（routine）
一般的には，きまりきった手続きや手順。また，日常の仕事や日課。学習の中では，思考を伴わない機械的な様子やその行動。同じ流れや状況の中では対応することができるが，本当に理解して行動をしていないこともある。

サツマイモに代えることで,「今日は何が出てくるかな」と期待できるようにしました。多少の変化の中でも子どもたちは自分なりの見通しを持ったり,予測をしたりするようになりました。できる経験を繰り返すことで自信を持ち,「もっとやってみたい！」「次はこんなだといいな！」と積極的に伝えるようになりました。

（3）算数でも読み聞かせをすると…

算数では,「3びきのくま」,「ジャイアントジャムサンド」などで読み聞かせを行い,楽しみながら学習できるように設定しました。「ジャイアントジャムサンド」では蜂の描いてある10のまとまりのチップを使って「200」「420」などの指定された数を作り,正解したらストーリーのとおりに一緒に掛け声とともに勢いをつけてジャムサンドではさみました。

フレーズが気に入る,主人公と同じことをやってみたいという気持ちを形にすることで子どもたちは進んで手を伸ばします。楽しく活動していたら分かることが増えた‼ この瞬間が教師にとっても幸福の時です。

❷ 一緒に楽しむことが子どもの安心感を生む

私たち教師は子どもたちの成長を期待して学習内容が理解しやすいように,できるようにと様々な支援を行います。その支援の中に,一緒に楽しむということを入れてみてはいかがでしょうか。時には子どもたちの目線になって様々なものを共有したり,自分の好きなものを伝えたり,楽しむ方法はたくさんあります。子どもたちが「この先生と一緒だと安心する」「何かおもしろいことをしそうだ」と感じる関係性を築くことにもつながります。

また,私たちは子どもたちから学ぶことも多く,感動させられることも多いはずです。読み聞かせを行うさい,ふっと話を止めたり,本に布をかけたりします。すると次はなんだろうと見逃さないようにじっと見つめる,もしくはもっと見ようと身を乗り出します。子どもたちの反応は本当に素直で,次を楽しみにする気持ちが自分にも伝わってきます。それらの反応を考えると教師である私たちも何かわくわくしてきませんか？

このように,教師は「分かってほしい」「できるようになってほしい」と考える姿勢だけではなく,「子どもたちに楽しいと感じてほしい」「自分も一緒に楽しみたい」という気持ちを大切にしてほしいと思います。 （竹内彩子）

▷4 絵本『3びきのくま』（L・N・トルストイ作／バスネツォフ絵／小笠原豊樹訳,福音館書店）
『ひとつすこしたくさん トム・スローターのえほん』（トム・スローター作・絵／みひかる訳,西村書店）
『ジャイアントジャムサンド』（ジョン・ヴァーノン・ロード作・絵／安西徹雄訳,アリス館）

参考文献

新井英靖（2011）「活動の魅力が子どもの主体的な活動を引き出す」新井英靖・三村和子・茨城大学教育学部附属特別支援学校著『発達障害児の感情コントロール力を育てる授業づくりとキャリア教育』黎明書房, 43-45, 128-129頁.

赤木かん子（2008）「セミプロのかたのためのコツとコツ」赤木かん子著『かならず成功する読み聞かせの本』自由国民社, 18-22頁.

コラム

授業は生きている

　教師は，授業を行う前に指導案を書きます。指導案は，授業を進めるための設計図です。ねらいをどこに設定し，どのように評価するのか，達成するためには，どのような教材や支援が必要なのかなどの授業を行うために必要な情報を記述しています。

　また，特別支援教育の分野においては，チーム・ティーチングで授業を行うことが多いため，それぞれの役割を共通理解し，効果的に授業を進めるためのツールとなっています。

　指導案で最も大事にしなければならないのは「ねらい」です。ねらいには，子どもにどんな力を身に付けさせたいか，何を育てたいか，教師の願いや思いがこめられています。このねらいがしっかりしていないと，授業で何をしたかったのかが分からなくなってしまいます。だからこそ，指導案を書くのです。

　しかし，指導案を書いて，しっかり授業を組み立てていても，教師が想定していなかった子どもの思わぬ反応やつまずきによって，計画どおりに進められないことがあります。これは，初任者だけでなく，ある程度経験を積んだ教師にも起こりうるものです。このようなときに，指導案のとおりに戻そうと焦ってしまったことはありませんか。

　授業は，教師・子ども・場所があって成り立つものです。主体者としての子どもが存在する以上，授業には流れがあり，授業は生きているのです。この授業の流れを無視して，指導案の計画に無理に戻さなくても良いのです。指導案の計画どおりに授業をすることも大切ですが，ねらいが達成されたかどうかが重要なのです。子どもの反応をどのように取り上げ，深めるのか，授業の流れを受け入れつつ，教師の意図に沿って流れを修正することが大切です。

　教師はどのような準備をすればよいのでしょうか。授業後に振り返りを行ない，次の授業の予想される反応と対応を考えることです。この場面では，こんな反応をするだろうから，こういう手立てを用意しておこう，この活動なら夢中になるだろうから長めに時間を確保しよう等，予想される反応とその対応をたくさん考えておき，多様な支援の手立てを共通理解することが必要です。支援の手立てを多く用意することで，教師は余裕をもって授業が進められます。

　うまくいかない授業は，よりよい次の授業を構成するためのステップです。子どもの思わぬ反応を広く受けとめ，教師と子どものズレを楽しむ教師になってみませんか。

（渡邉　崇）

第2章

子ども理解の基礎・基本

Ⅱ 子ども理解の基礎・基本

総　説

1　発達する子ども・成長する教師

（1）授業の過程と「子どもの発見」「教師の力量形成」

　授業の過程を，①子どもの実態把握，②目標・ねらいの設定，③授業の準備，④授業の実施，⑤授業の評価と捉えることができます。換言するならば，設計・実施・評価と言うこともできます。①→②→③→④→⑤から再度①へ戻るフィードバック機能が働くことで，授業の過程には循環が見られると理解できるのです。つまり，再設計へということになります。このように授業は創造されていくことに意味を見出したいものです。まさしく「授業づくり」と言われる理由がここにあるわけです。

　この授業の過程は，①の子どもの実態把握から始まるものの固定的に見るのではなく，目標・ねらいで掲げられたように子どもの諸能力と人格の形成といった，授業展開に応じて新たな子ども像の形成があるはずです。これは「新たな子ども発見」と言っても過言ではないでしょう。同時に，教師側に目を向けると，教育計画や教育内容・方法の創造といった教師の指導力アップがあるはずです。つまり，子どもと教師の両者の力量が形成されているのが，授業の過程には見られるのです。

（2）授業づくりの前提としての子ども理解の基本

（ⅰ）発達，可能性を信じる

　子どもを理解する視点として，障害・発達・生活の3つの視点が重要であることがこれまでの長年の障害児教育実践の蓄積で指摘されています。障害の種類や程度に目を奪われると子どもが見えなくなることがあります。障害があろうとなかろうと，共通の発達の道筋を歩むこと，知的障害の場合は，質的転換期でつまずいており，その質的転換期という飛躍台を乗り越えることで新しい世界を獲得していくことを確認したいものです。この飛躍台を乗り越えさせる内容や方法が授業でなされていくことになります。障害による困難を抱えながらも，発達がどこまで到達しているのか，これからの発達の芽はどのようにふくらんでいくのかといった「最近接領域」という発達の観点で見ることが大切です。

　加えて，授業では子どもの要求や意欲をもとに諸能力を引き出す必要性から，発達の可能態であることもおさえておきたいものです。これまでの実践では

「発達は要求にある」ということが確認されてきています。例えば，重症心身障害児の授業づくりでは子ども自ら笑顔を表現していく事実からも，可能性を秘めているという理解は教育の大前提です。

かつて戦後，知的障害児施設の近江学園を創設して「この子らを世の光に」という名言を残された先駆者の糸賀一雄（1914～1968）は「重症心身障害のこの子が，ただ無為に生きているのではなく，生き抜こうと必死の意欲をもち，自分なりの精一杯の努力を注いで生活している」と述べています。こうした姿に共感したとき，教師の子どもの見方は変革を迫られることになります。重症心身障害児療育施設を創設していく取り組みの中で「発達保障」という考えがつくり上げられたのです。

▷ 1　糸賀一雄（1967）『福祉の思想』NHK出版。

(ⅱ) 達成感・成就感を持たせる

子どもに「○○ができない」といった劣等意識を持たせるのではなく，「○○だってできる」といった自信や達成感・成就感，まわりの子どもたちからの評価で「○○で役にたつ」という役割意識，所属意識を持てるようにしたいものです。発達障害の子どもは，注意をされることが多く，自己肯定感が低くなりがちであると言われています。

自己肯定感を育てるためには，①安心，②共感，③認め合い，④有用感が大切になってくると考えられます。これまでの実践では，子どもは集団の中で育つということを大切にしてきました。まさしく集団の教育力に注目しているのです。自分が発揮できる集団の規模・人数といった教育的配慮をすることはもちろんですが，子どもにとって必要なのは居場所なのです。居場所は，安心できる人と場と言うこともできそうです。家庭や学校はもちろん，居場所でなければなりませんが，現代社会の中で，人間が育っていく過程でしっかりとした居場所がその子にあるのかを再点検したいものです

(3) 授業づくりと教師の子どもを見る目の発展

(ⅰ) 子どもの実態について関係者間で伝え合う

授業を構想する準備段階では，プロフィールなどの資料から，家庭環境・生育歴，障害の種類や程度，知能指数などを把握して，指導するうえで何が重点課題なのかを明確にすることで授業を展開するめどがつきます。指導上の参考となるひとつの手がかりの入手です。今日，個別の指導計画や個別の支援計画といった，一人ひとりのプランづくりが進められています。これらは，子どもの実態について，関係者が情報を共有できることが大切であって，子どもの発達した姿とその指導こそ，他の次への関係者にしっかりと伝えられなければならないのです。このプランは作成するのに労力を要することになりますが，日々の授業と直結することで意義が生じます。例えば，学習指導案の一人ひとりの個人目標に掲げられるなどです。先述した集団指導と個別指導の指導形態は車の両輪であって決して対峙するものではありません。

▷ 2　個別の指導計画
子ども一人ひとりに即して，指導の目標，活動や内容及び対応の方法が示されている実践上の計画のこと。意義は，①最適な活動を明確にする，②一人ひとりに合った指導の工夫をしやすくなる，③ある期間の指導を個の視点から検討する，④教育が子ども・保護者・教師によって進められることにある，などである。

（ⅱ）子どもからじかに学ぶ

　プロフィールの資料は頭に置きつつも，やはり，直接に子どもたちにぶつかって自分の目で確かめることが大切になってきましょう。かつて戦後，長崎で障害児教育実践を開拓し，教育課程の創造と学力保障をいち早く提唱した近藤益雄（1907〜1964）は「まずこの子どもたちを理解するために，子どもたちと，なかよしになりたい」と述べています。

　加えて，平野日出男は「まず運動場に出て，子どもたちと遊ぶ中で仲良くなり，子どもたちの気持ちをつかみ，指導の手がかりを得た」と言っています。子どもたちとのじかのつながりを通して主体的に切り拓いてきた，教育的人間とも言うべきすぐれた先駆的実践家の生き方であります。子どもたちとの人間的な活動を組織していくための方法であると考えられます。

（ⅲ）子どもの内面を捉える

　黒藪次男は「子どものあるひとつの行動を通して，子どもは何を欲し，何を要求し，何を言おうとしているかを知らなくてはならない」と，子どもの内面をつかみ，意欲的な生活を組織していくことが必要であることを示しました。このような子どもの内面理解に迫っていく実践として，愛知県において長年聾教育に携わり，すぐれた実践記録を綴ってきた竹沢清は，「私たちの人間をみる眼の育ちに応じてしか子どもはみえてこない」「子どもの事実に励まされて私たちは教師になっていく」という原則を明確化しています。

（ⅳ）親の願いと子どもの生活史・生活実態の把握

　障害児の親は，健常児の親と共通の子育て上の悩みをもつものの，障害があるゆえの悩み，障害児の親特有の問題をかかえているものです。いわば二重のたいへんさや苦労をしているといった理解となります。上記の「子どもの側にたつ」姿勢とともに，このような親の子育てのたいへんさや苦労に寄り添うこともポイントとなってくるでしょう。まるごとの子どもを理解しようとするとき，家庭との連携は欠かせません。親への共感的理解・親との信頼関係があってこそ，子どもの生活の深い把握が可能になっていくのです。親子の生活を豊かにする任務を教育実践は担っているのです。

（4）問題行動・気になる行動の理解

　障害児に接するとき，問題行動・気になる行動ということが取りざたされますが，子どもにとって問題なのでしょうか。例えば，こだわりが非常にあり，なかなかその場を移動できない子がいます。教師は，その行動をどう見て対応するかが問われます。ある教師は，移動させることが先決であって，つい罰を与えて対応するかもしれません。一方，ある教師は，先を見通す力をつけようとしたり，切り替える力をつけようとしたりするかもしれません。

　子どもの側からすれば，その場を離れられない何らかの訳・言い分があるのであって，そのこだわりの因果関係こそが求められなければならないのです。

▷ 3　近藤益雄（1955）『おくれた子どもの生活指導』明治図書。

▷ 4　河野邦俊・平野日出男（1967）『この子らも人間だ：ろう・ちえおくれの子どもと教育』明治図書。

▷ 5　黒藪次男（1981）『ぼくこんなにかしこくなった：ダウン症児の教育記録』民衆社。

▷ 6　竹沢清（1992）『子どもの真実に出会うとき』全国障害者問題研究会出版部。

▷ 7　小川英彦・川上輝昭編（2005）『障害のある子どもの理解と親支援：親と教師のために』明治図書。

教育の本質は，子どもに力をつけることにあります。○○の力を培うことで，問題行動・気になる行動を軽減，変化させるといった指導観が重要になってくると考えられます。例えば，言葉が育ってくることで，自分の気持ちを言葉に表現して他児に伝えることが可能になってきて，対人関係がスムーズにいくことはよく報告されます。

問題行動・気になる行動を捉える基本的な理解として，障害があるからもたらされるという考えに終始するのではなく，人間として心の働きゆえにあらわれている行動と理解していくべきと考えられます。そうした行動の奥底には子どもの内面（要求，願い）があるのではないかという子ども理解が大切であります。要求が発達への源泉になっていると捉えることができます。

（5）特別な教育的ニーズのある子ども理解

学級には，障害児のほかにいろいろな子どもたちがいるはずです。例えば，外国籍，不登校，病弱，情緒不安，被虐待などの子どもたちです。近年ではインクルージョン（inclusion）教育が提唱されつつあります。この重要なキーワードこそ，これからの教育を推し進めるうえで非常に大切になってくると考えられます。特別なニーズのある子どもへの着眼であって，exclusion（排除）しないすべての子どもたちへの改革論ともなっています。特別なニーズのある子どもという考えを使って，従来からの特殊教育でとらえられていた対象を変革し，通常の学校を整備していこうとするものです。

学級にはいろいろな子どもたちがいて当然なのです。今日の教育では，こうした子どもたちに配慮するために，教師には様々な特別な教育的ニーズに関する知識と技術が求められているのではないでしょうか。

本書の32頁にあるコラム「障害特性をどのように指導に役立てるか」もその対応のひとつとしてみることができそうです。

（6）ライフステージにわたる子ども理解

2007年4月1日に文部科学省から出された「特別支援教育の推進について（通知）」には，特別支援教育の理念が明確に打ち出されています。その通知には，「幼児児童生徒」と表記されているように，幼児期から学齢期へ，そして青年期へとつなげる発想がみられます。今日，幼小の連携とか移行と言われるのもその特徴だと思います。

各市町では個別の支援計画やサポートブックの試みがなされつつあります。一人ひとりの子どもの育ってきた姿をこそ次の機関へバトンタッチしていく見方が求められているのです。

今や国際的にもインクルージョン教育が言及されてきています。最後に今後の教育を切り拓く崇高な根本原理であることを確認したいものです。

（小川英彦）

参考文献

高橋浩平・新井英靖・小川英彦・広瀬信雄・湯浅恭正（2007）『特別支援教育の子ども理解と授業づくり』黎明書房．

小川英彦・新井英靖・高橋浩平・広瀬信雄・湯浅恭正（2007）『特別支援教育の授業を組み立てよう』黎明書房．

伊藤嘉子・小川英彦（2007）『障害児をはぐくむ楽しい保育』黎明書房．

Ⅱ　子ども理解の基礎・基本

1 友だちとともに活動し，伝え合い，認め合う中で成長する

1　学級の友だちとともに活動する意味

　様々な困難さを抱える障害児にとって，学校での安定した生活をつくりだすための拠点として自己の存在を受けとめてくれる学級集団の存在意義は大きいです。しかしながら，障害児の中には，友だちに自分自身の思いや願いを言葉でじゅうぶんに伝えられず，苛立ちや孤独感を抱えている子どもも少なくありません。「うまくいかない，できない，自分はだめなのだ」といった自己否定体験の積み重ねによる自己肯定感の低さも見られます。

　だからこそ，障害児にとってうまくできない自己も含めて，自分自身の存在を受けとめ，認めてくれる友だちが必要です。数々の障害児教育実践において，子どもは集団の中でこそ育つということが明らかにされてきました。

　友だちとの共同的な活動を通して楽しさを共有する中で，友だちの良さや違いを感じ取ることができます。さらに，頼り頼られながらお互いを認め合っていく関係性を育てることで，「あんなふうになりたいな」と友だちに憧れを抱き，「もっとできるようになりたい」「分かるようになりたい」につながる意欲が引き出され，かけがえのない自己を発見していくことができるのです。

　友だちとの交わりやつながりをつくりだすためには，障害児の「こだわり」や得意とすることを活かしながらがんばれる活動場面を学級の中につくりだしていくことと，その活躍の事実を学級の中で子どもたちに示していく指導が求められます。子どもは自己の思いが友だちに聴きとられる，自分も友だちの思いを聴きとることができたと感じられることで自分に対しての「自信」が持てます。その「自信」をバネにしてさらに自己の思いや願いを言葉にして伝える力，友だちを受けとめ応答する力を発達させていくことができるのです。

　友だちとコミュニケーションすることや関係づくりといった社会性に困難さを持つ障害児だからこそ，友だちとともに活動する中で感じた個々の思いや願いを伝え合い，認め合う子ども集団づくりが求められます。

　こうした子ども理解に基づく指導のあり方は，今日においてもなお重視されるべき視点であると言えます。

2　子どもの思いや願いを丁寧に聴きとりながらかかわる

　活動を構想し，考慮した教材を用意してもその活動の場に参加することを拒

否する子どももいます。その場合に「参加させなくては」と焦って参加を強要すると余計に子どものパニックを引き起こし，拒否感を強めてしまうことにもつながります。

　参加を強要するのではなく，参加を拒むには何か訳があると捉え，その子どもなりの理由を丁寧に聴きとっていく姿勢が求められます。教師の指導のペースで子どもを動かそうとするのではなく，子どものこころとからだが友だちとの活動に向けて動き出せる瞬間を「待つ」ということも必要です。

　一見すると友だちのことや学級での活動を拒否しているように見える子どもでも，その子どもの好きなこと，得意なことを取り入れた楽しそうな活動を展開することで，その活動の世界に気持ちを向け，友だちの様子に関心を示す姿が見られます。

　こうした子どもの姿は，かかわりたい，一緒に活動したいという願いをどの子どもも持っていることを表しています。拒否する姿の中にも発達への要求が存在することをつかみながら，障害児自身の発達課題に応答することのできる具体的な活動を保障していくことが必要です。

　そのうえで，障害児が学級での活動やそこに参加する友だちの様子に興味を示した時に参加を呼びかける働きかけが不可欠です。

❸　子どもたちの「今」を豊かにし，「明日」をひらく共同の活動をつくる

　学級の子どもたちの共同的な活動を展開していくさいに，「今，ここ」を生きる障害児の発達課題を明らかにしながら，子どもが持っている「こうなりたい自分」「明日の自分」への発達要求に応える活動をいかに多様に構想することができるかがポイントになります。

　今日の特別支援教育における個別の指導計画の広がりや，個別指導のニーズが高まっていることをふまえると，個々の子どもの発達要求，学習要求から生じる特別なニーズに沿った個別指導をしていくことはもちろん重要です。しかしながら，学校や学級において集団で学び合ったり遊んだりしながら，子どもたちがお互いに育ち合うことをじゅうぶんに保障していく教育実践がより必要です。

　特別支援教育において重要なことは，個別指導において個々のニーズに応答することの意義を認めつつも，友だちとのつながりや生活から切り離されたスキル学習的な個別指導に傾斜するのではなく，学級集団，すなわち，学級の友だちとのつながりと生活の中に個々のニーズに応答する指導を位置付けていくことです。

　友だちと活動することで新たな価値世界をつくりだし，互いにかかわり合いながらともに生きられる世界を追求する教育実践が求められます。

（今井理恵）

参考文献

青木道忠・越野和之・大阪教育文化センター編(2007)『発達障害と向きあう　子どもたちのねがいに寄り添う教育実践』クリエイツかもがわ．

鴨井慶雄・青木道忠(1997)『ともに育つ学級・学校づくり：笑顔輝く障害児たち』かもがわ出版．

Ⅱ　子ども理解の基礎・基本

2　子どもの気持ちに共感し，代弁する

1　どのように子どもの行動を理解したらいいのか？

　教育の場では，「授業中，席に座っていられない」「友だちにすぐ手が出てしまう」といった社会的に好ましくない行動に対して何度も注意をしてしまったり，それが悪循環に陥って，対応に困ってしまったりすることが多いのではないでしょうか。

　ここでは，子どもの行動から内面に目を向け「子どもの気持ちを理解し共感する」対応とは，どのようなことなのかを具体的に考えていきます。

2　子どもを理解するための教師の基本姿勢

（1）子どもをありのままに受け止める

　子どもをありのままに受け止めるということは，子どもの一瞬一瞬に揺れ動く気持ちを「あるがまま」に受け止めることです。その行動が教師から見れば受け入れがたくとも，子どものありのままの姿を一度そのまま受け止めることが，子ども理解のための教師にとって重要な視点です。

　教育の場では，子どもの行動を規範意識によって「善と悪」「良い行動と悪い行動」など2分化し，対象をそこに分類する傾向がしばしば見られます。子どもは，直接注意されると，その行動がいけなかったという認識ではなく，自分の気持ちが受け止められなかったと感じます。ですから教師は，「Aくんは，座っていられないくらい体が動いてしまうのだな」「Bさんは，今すごく嫌な気分なのだな…腹が立ってしまうのだな」と率直に気持ちを受け止め，その子どもの目線に立って「まなざし」を共有することによって，子どもは自分の気持ちを理解してくれていることを実感し，初めて安心して自分をありのままに出すことができるのです。

　このように，子どもをありのままに受け止める姿勢により，子どもの気持ちに寄り添った対応が可能となるのです。

（2）子どものしぐさ，表情を通して思いを理解する。

　教師の受け止める姿勢は，子どもの言葉にならない思いを読み取り，共感したうえで言葉にして伝えていく対応へとつながります。そうすることによって，子どもが「受けとめられた」と実感することが大切なのです。

　上野ひろ美は「子どもを捉えるためにはまず，子どもときちんと向き合って

▷1　津守真は，このような大人の目を「2分割概念」と呼び，大人はいかなる分割概念をも取り払う努力をし，他者である子どもにあるがままに出会えるようにすることの重要性を述べている。
津守真（1989）『保育の一日とその周辺』フレーベル館，37-38頁。

まなざしを捉え，表情や身体での応答をよみとることである」と述べています。つまり，子どもは，言葉によらない部分，しぐさ，表情など身体を通して自己表現や自己主張をしています。

大人は言語によって表現することを常としていますから，教師はなおさら，子どもの言葉にならない部分を内面の表現として捉え，それに応答する感度を高めていかなくてはならないでしょう。

（3）子どもの気持ちに共感し，代弁する。

次に，幼児教育の父と呼ばれた倉橋惣三の文章から子どもの気持ちに共感するとはどのようなことなのか考えてみましょう。

> ◆廊下で◆
>
> 　泣いている子がある。涙は拭いてやる。泣いてはいけないという。なぜ泣くのと尋ねる。弱虫ねえという。……随分いろいろのことはいいもし，してやりもするが，ただ一つしてやらないことがある。泣かずにいられない心もちへの共感である。
>
> 　お世話になる先生，お手数をかける先生。それは有り難い先生である。しかし有り難い先生よりも，もっとほしいのはうれしい先生である。そのうれしい先生はその時々の心もちに共感して呉れる先生である。…（略）

「心もち」への共感を謳ったこの倉橋の文章は，教師が子どもとのかかわりの中で必要とされる，子どもの心情を感じとり共鳴していくことの大切さを表すのに真に的を射た文章ではないでしょうか。

泣いている子がいます。なぜ泣いているのかを尋ねる前に，泣かずにはいられない子どもの気持ちに共感できる教師が，子どもにとって「うれしい先生」なのです。子どもの行動から発せられる表現を内面の表現，要求として受けとめ，子どもが言葉にならない気持ちに共感し代弁することで，子どもと教師との信頼関係の基盤ができるのです。

このようにして，教師と子どもとの信頼関係が築かれていくことで，子どもは安心して主体的に活動できるようになり，次第に教師の思いを受け止めるようになるでしょう。

　　　　　　　　　　　　　　　　　　　　　　　　（水野恭子）

▷2　上野ひろ美（1992）『発達の「場」をつくる：まなざしで向かい合う保育』高文堂出版社，191頁。視線から相手の意を感じ取ることのできる「まなざし」に注目し，「まなざし」という「身体」表現の中に，その人の「精神」が働くと述べている。

▷3　倉橋惣三（1965）『倉橋惣三選集　第3巻』フレーベル館，37頁。

▷4　その他に子どもの内面の気持ちを理解し，共感していく姿勢の大切さを感じられる以下の文章もある。（倉橋，前掲書，36頁「こころもち」，38頁「ひきつけられて」。）

参考文献

鯨岡峻（2010）『保育・主体として育てる営み』ミネルヴァ書房．

津守真（1989）『保育の一日とその周辺』フレーベル館．

Ⅱ 子ども理解の基礎・基本

3 子どもの自信を自己肯定感に発展させる

1 個人間差・個人内差と自信

　自信とは，自分自身に向けた肯定的な評価ではありますが，例えば算数の分野を例に挙げると，「計算問題には自信があるが，文章問題には自信がない」というように，通常は分野や範囲を限定したものです。仮に，ある子どもが集団の中で自分の計算能力を測定した場合，その子どもの計算能力が集団の中でどの程度であるかという順位は，個人間差によって決まります。一方，その子どもが上位グループに入らなかった場合であっても，「自分の得意分野は計算である」と言うことができます。それは，自分の中では文章問題と比して計算問題の方が得意であると本人が認識しているためです。このように，一人の人間の中にある能力のばらつきを，個人内差と言います。

　個人内差の観点で見れば，すべての人が得意分野と不得意分野を持っていると言えます。「自信がない」という心情を言語あるいは非言語を用いて表現している子どもは，個人間差による順位の低さを日々繰り返し確認する中で，自己の劣等感を蓄積している状態にあります。また同時に，自分に得意分野があることを認識し，それを伸ばしていくという動機付けを持つにはまだ至っていない子どもであるとも言えます。したがって保育者・教育者は，自信のなさを示す子どもに向けて一つでも多くの得意分野を発見し，それらを認めて伸ばしていき，自信を育むことが重要です。

2 自己肯定感とは

　自信を持って活動している子どもの周囲には，その子どもを愛している大人がいます。その大人とは多くの場合，保護者になります。子どもを信頼し，成功時のみならず失敗した時であっても，常に肯定的にかかわってくれる保護者を持つ子どもは，「ありのままの自分を受容してもらえる」という思いを持って失敗を恐れることなく様々な活動に参加し，生き生きと社会生活をおくることができます。「ありのままの自分」とは，長所と短所の両側面を持ち，得意な分野と不得意な分野とを併せもつ自己を意味します。この意味での「自分」の存在を前提として「ありのままの自分でいて大丈夫」と認識する感覚が，自己肯定感です。

▷1 イリノイ大学のS. A. カークは，LD教育の手がかりとして，1961年に「ITPA言語学習能力診断検査」を開発した。同検査では，子どもの能力の個人内差を測定することに主眼が置かれた。

▷2 自己肯定感（self-affirmation）とは，ありのままの自分を受け止め，自己の否定的な側面もふくめて，自分が自分であって大丈夫だとする感覚（赤木和重（2010）『特別支援教育大辞典』，旬報社）。

3 自己肯定感を低下させる要因

　障害のある子どもは，定型発達児と比較して自己肯定感が低いと言われます。この自己肯定感の低さは先天的な障害ではなく，発達過程の中で形成されていく二次障害の一つです。障害のある子どもが自己肯定感を低下させる要因の一つには，「ありのままの自分」を受容してくれる他者との人間関係形成の困難が挙げられます。例えば，発達障害のある子どもが特定の事物に強いこだわりを示して頑なになっている姿や，教師や保育者から繰り返し注意を受けても反社会的行為や暴言を改善しない姿などを見せたときには，定型発達児やその保護者の目には，理解しがたい姿として映る可能性があります。発達障害等のある子どもたちは，定型発達児と同様に個々に様々な特徴を有しており，一人ひとりが得意な分野と苦手な分野を持っています。しかしながら，発達障害児等が持つ得意な分野と苦手な分野との間には顕著な差があるがため，「興味のあることには徹底的に取り組む」という側面と，「たとえ集団生活上必要な活動であるとしても，興味のないことにはまったく手を出さない」といった側面を持つ行動特性が，周囲の人々には極端に見えることがあります。このような場合には，ありのままの子どもをまず教師や保育者が受容し，当該児への適切なかかわり方のモデルを示すことが大切です。

　障害のある子どもが自己肯定感を低下させるもう一つの要因としては，他者から自己の能力を過小評価されることにより，自信を持つことができなくなる点が挙げられます。例えば，知的な遅れのある子どもや言葉の遅れが見られる子どもに対して，「この子は，ここまでが限界」というように，周囲の大人が当該児の発達の上限を設定してしまうことがあります。このように教育者や保護者といった大人が，眼前にいる子どもの発達の可能性を諦めてしまった場合には，ゆっくりと発達のステップを上っている子どもの発達速度が，さらに緩やかになります。子どもの発達については，速度の個人差はありますが，どの子どもも同じ過程をたどっていきます。したがって，教育者や保護者が子どもの発達の可能性を信じてかかわっていくことが重要です。

4 自信を自己肯定感に発展させる

　子どもが得意とする活動の中から小さな変化を見つけて認め，自信につなげましょう。例えば紙を切る場面では，「紙にハサミを入れる角度が良いね」「まっすぐに切れたね」などと具体的な言葉かけをすることにより，子どもが次のステップに進もうとする動機づけへとつながります。このようにしてハサミの持ち方や使用法に自信を持つことができた子どもは，ますます紙切りの技術を向上させていくと同時に，「ありのままの自分」を見守っていてくれる大人の存在を認識し，自己肯定感を高めていくことが可能となります。（高尾淳子）

参考文献

上野一彦（2012）「子どものためのアセスメント」『発達』131，ミネルヴァ書房.

Ⅱ 子ども理解の基礎・基本

4 子どもは自ら考え，選択し，決定することができる

▷1 憲法第11条：国民は，すべての基本的人権の享有を妨げられない。…
同第13条：すべて国民は，個人として尊重される。…
教育基本法第2条：個人の価値を尊重して，その能力を伸ばし，創造性を培い，自主及び自律の精神を養う…。
障害者基本法第1条：…全ての国民が，…等しく基本的人権を享有する…障害者の自立及社会参加の支援等のための施策を総合的かつ計画的に推進する…。

　憲法をはじめ，教育基本法，障害者基本法では「個人の尊重」を示しています。しかし知的障害のある子どもは判断能力の弱さから他者に決められたことに従う傾向があるとされてきました。しかし，2006年採択された国連の「障害者の権利に関する条約」第3条では，障害のある人の固有の尊厳，個人の自律（自ら選択を行う自由を含む）及び個人の自立の尊重」を原則としています。すなわち知的障害児（者）の自己決定権を保障すべきであるとしているのです。ここでは自己決定の成立に至る，子どもの判断力，意思を受け止める条件，判断できる情報提供といった視点で子どもの自己決定の可能性を探ってみます。

1 子どもの判断力の可能性

（1）縦の発達

　田中昌人は乳児の発達を追跡し，発達過程を明らかにしました。乳児では5ヶ月頃「社会的笑顔」が出現し，6～7ヶ月になると「人見知り」という自分に対して親しい人とそうではない人を見分けた行動をするようになります。またほしい物に対して手を出すというように自分の意思を表出することができるようにもなります。表は乳児後期の発達を示していますが，乳児が9ヶ月以降手さしや指さしでしたいことや行きたい所を大人に指示することができるようになります。つまりこの時点でも子どもは自分のしたいことを選択する力を持つことになるのです。

月齢	情動・対人関係	音声	指示
7ヶ月頃	初期の人見知り	初期の喃語	手出す
9ヶ月頃	おとなのあと追い	志向の音声	志向の手さし・指さし
10ヶ月頃	自分の発見による自他の区別	自分のなまえを理解，発語の発声	要求の指さし
11ヶ月頃	他者の持っているものに手を出す	定位の音声	定位の指さし

▷2　田中昌人（1985）『乳児の発達診断入門』大月書店，122-123頁。

（2）できることからはじめる

　知的障害のある子どもは思考上に一定の限界はありますが，自ら考え，選択・決定することは可能です。例えば学習活動では「Aさんと一緒に歌う」か「Bくんと一緒に遊ぶ」という選択肢，また外出するときなどでは，「電車で行く」「バスで行く」「歩いて行く」という選択肢で子どもに選択，決定させます。このようなことを重ねることで子どもは自ら選択・決定することができるようになります。また子どもの発達に適した選択肢を与えることが自己決定の成立においては大変重要な要素です。

2 子どもの意思を受容する

（1）子どもへの理解

　小林博は自己決定のプロセスについて，①判断，②表示，③実現という3つの過程を示しています。自己決定の実現できない原因を，子どもが判断し表示しても，支援側が受容できなかったり，他の理由で実現できないケースが多くあると指摘しています。前述のように子どもの発達段階が9ヶ月以降であれば言葉による意思表示はできなくても，何らかのサインで自分の意思を表出しています。支援者は彼等のサインを正確に読み取ることが必要になります。例えば赤ちゃんの泣き声をお母さんは，「お腹が空いた・甘えたい」「痛い」「いやだ」と適宜判断して対応しています。すなわち支援者が子どもの要求・感情・拒否などの意思表示を正確に受け取ることが自己決定を成立させるための大きな要因です。

▷3　小林博（2000）「知的障害者の自己決定：その根源と実践」「施設変革と自己決定」編集委員会『権利としての自己決定その仕組みと支援』エンパワメント研究所。

（2）子どもとの信頼関係

　近藤益雄は，長年の障害児教育実践の中からいくら無邪気な子どもでも自分を分かってくれない教師には自分をさらけ出すことはしない，逆にいくら無邪気でない子どもでも分かってくれる教師には自分をさらけ出すと述べています。子どもは自分を理解している人こそ自分の意思を隠さず表し，願いを託すものです。子どもの出したサインが正確に受け取れなかったとしても，信頼関係が成立していたならば，子どもはきっと新たなサインを出してくるはずです。なぜならば子どもは自分の願いを実現させたいからです。つまり子どもを心から理解することは子どもの自己決定の成立における重要なポイントとなるのです。

▷4　近藤益雄（1937）「或る教師への手紙」『教育・国語教育』第25巻5月号，151頁。

3 比較・選択できる情報提供

（1）学習・体験学習

　発達段階の低い子どもは社会に参加する機会が少なく，そのため情報量もわずかです。このような子どもには可能な限り多くの体験学習をさせる必要があります。例えば子どもの進路を決定する場合では，進路先で体験学習，現場実習を通して「この工場の仕事はできる」「あの会社の人は優しい」とった情報を子どもは比較し，考え，そして自分が行きたい所を選択し，決定します。このように選択肢を子ども自身理解することが自己決定の成立の条件です。

（2）比較・選択する

　私たちは物事を選択するとき，自分に対して有益なものや好きなものを選びます。子どもの場合，選んだものが最適でないこともあります。その場合に支援者が子どもに選択肢を再学習させる必要があります。子どもが理解，納得できるよう助言することも重要です。そこで選択肢を比較・検討するための情報提供が鍵となります。

（張　穎槇）

II 子ども理解の基礎・基本

5 「障害児」である前に「子ども」の教育

1 共生社会のための創意と工夫

　かつて欧米諸国では「マジョリティ（majority）」という言葉と「マイノリティ（minority）」という言葉がよく使われていました。マジョリティは「多数」という意味であり，マイノリティは「少数」という意味です。多数が少数を支配するという時代であった頃は，国政においても多数を占める人たちの考え方が優先し，少数の人たちの考え方は反映されませんでした。国のあり方を左右する国政だけでなく，日ごろの生活や子どもの教育においても少数者は軽視されたり排除されたりすることもありました。このことは障害の有無はもとより肌の色，宗教，習慣等の面においても差別を生み出す結果となりました。歴史に残っている人種差別や宗教差別等はその典型と言えます。

　わが国においても障害者に対する差別や偏見の歴史はありました。鎖国から開国を迎えた明治期にあっても障害者は「人に非ず」「穀潰し」等と人権そのものが否定されていたこともありました。教育においても同様のことが言えます。それは1872（明治5）年に学制が施行されて国民皆教育制度がスタートしたにもかかわらず，障害児は就学免除・猶予という名のもとに事実上，公教育から排除されてきたという歴史からも知ることができます。真の意味で国民皆教育が施行されたのは，養護学校の義務制が施行された1979（昭和54）年のことでした。

　障害の種類や程度とは関係なく，一人の人間であることに違いはないのです。すべての国民，とりわけ教育や保育に携わる者には，障害を理由に差別や偏見を生み出してきた歴史から学び，障害の有無を超えてともにその人らしく暮らすという共生の社会を築いていく役割と責任が求められています。

2 制度や理念の理解と実践

　『広辞苑』（第六版，岩波書店）によれば，教育とは「教え育てること。望ましい知識・技能・規範などの学習を促進する意図的な働きかけの諸活動」と説明されています。日々，教育活動を進めていくうえで教師は子どもとともに学ぶという謙虚で誠実な姿勢が重要になります。そこには障害の有無を超えてすべての子どもに将来への夢と希望を与え，一人ひとりに寄り添って大切に育てる使命があります。この使命を果たすためには教育の基本にかかわる制度や理念

を理解しておくことが前提になります。

ここでは日本国憲法，学校教育法，サマランカ宣言の概要を取り上げてみます。

まず日本国憲法では，「すべて国民は，法律の定めるところにより，その能力に応じて，ひとしく教育を受ける権利を有する」（第26条）と明記されています。教師には学校教育の場において，国民の教育を受ける権利を保障するという重大な役割が課せられています。

特別な支援を必要とする教育について学校教育法では，「幼稚園，小学校，中学校　高等学校及び中等教育学校においては，……教育上特別の支援を必要とする幼児，児童及び生徒に対し，文部科学大臣の定めるところにより，障害による学習上又は生活上の困難を克服するための教育を行うものとする」（第81条）とされています。つまり憲法上の教育を受ける権利の保障に際して，教師には何らかの障害を持ち合わせている幼児，児童，生徒に対しては学習上や生活上の困難を克服する役割が求められています。

サマランカ宣言は，1994年，92か国の政府が参加して特別ニーズ教育世界会議が開催され，その成果が発表されたものです。この会議では，インクルーシヴ（inclusive）な社会を建設し，万人のための教育を達成すること，そのために各国政府に対して，「自らの教育システムを改善して，個々の違いや抱える困難さとは関係なく，全ての子どもをそのなかに組み入れることができるような政策や財政に高い優先的順位を与えること」を要請しました。新しい発想のもとに，すべての違いを超えて一人ひとりが抱えている教育上の諸課題に対するニーズに応えていく必要性が強調され，特別ニーズ教育に対する画期的な宣言となりました。このような世界の動向から，2007（平成19）年，わが国においても従来の特殊教育から特別支援教育へと制度が改変されました。

❸ 自己肯定感の育成

自己肯定感とは，「現在の自分を自分であると認めた感覚」のことです。つまり自分をありのままに受け入れること，今の自分を大切に生きることを意味しています。障害の有無には関係なく一人ひとりの子どもたちにこの自己肯定感を育てることはきわめて重要と言えます。自分という人間はこの世の中にたった一人しかいないかけがえのない存在であるという意識を持つことは，相手も同じ存在であり，お互いに大切にし合う，そして尊重しあう関係を築くことにつながります。教育の場においても一般の社会生活の場においても自己肯定感を持つことによって差別や偏見のない暮らしが可能になります。

障害児に対する教育は特別な配慮を必要としますが，その前に学ぶ権利，自分らしく生きる権利を持っている一人の人間であることを銘記しておきます。

（川上輝昭）

▷1　サマランカ宣言
1994年6月7日から10日にかけてスペインのサマランカにおいて「特別ニーズ教育世界会議」が開催された。この会議において，インクルーシブな社会を建設し，万人のための教育と個別のニーズに応じた教育の必要性が強調された。

▷2　伊藤健次編（2011）『新・障害のある子どもの保育』みらい，121頁。

コラム

障害特性をどのように指導に役立てるか

　自閉症は，2005（平成17）年に施行された発達障害者支援法において発達障害の一つとして規定されており，次のような特徴があります。
　① 人への反応やかかわりの乏しさなど，社会的関係の形成に特有の困難さが見られる。
　② 言葉の発達に遅れや問題がある。
　③ 興味や関心が狭く，特定のものにこだわる。
　④ 以上の諸特徴が，遅くとも3歳までに現れる。
　①に対しての指導のポイントは，大人との活動や少人数とかかわっていく活動から徐々に人とのかかわりを広げていきましょう。また，本人が好んだり，生活上必然性のある活動や遊びの機会を利用したりしましょう。
　②に対しての指導のポイントは，絵カード，写真，文字カード，コミュニケーションボードなどの個に応じたコミュニケーション手段を選択しましょう。また，自傷，他傷，かんしゃくなどの不適切な表現は，その原因を明らかにし，その気持ちを表現する別の手段に代替するようにしましょう。
　③に対しての指導のポイントは，例えば「○○が終わったら，□□してもいいよ」などの，分かりやすいスケジュールや納得できる交換条件を提示してルールを取り決め，徐々に行動する時間と場所を自律的に決めることができるようにしましょう。安心できる人と場という居場所を確保することも大切です。
　その他の障害特性として千差万別ではありますが，音声言語の理解力に問題があります。この場合は，できるだけ言葉だけに頼らない方法，例えば動作を随伴させる，具体的肯定的な言葉かけが考えられます。
　空間の意味の把握に問題があります。例えば，教室の整理整頓や一場所一活動といった分かりやすい教室環境を構築します。
　自分のペースを大事にし，押しつけを嫌うことがあります。この場合は，自己選択や自己決定を重視します。自分が予定表を参照して行動するよう指導します。また，予定表の内容を構成するさいに本人の希望を取り入れることも考えられます。
　刺激の選択性に問題があります。例えば，教材提示で目立たせるには，囲む，動かす，光らせる，背景カットのいずれかの方法があります。
　感覚過敏があります。聴覚の過敏についての場合は，教師の声の大きさや外部の騒音への配慮，他児との相性を配慮した座席指定が考えられます。（小川英彦）

第 3 章

子どもの内面を育てよう

III 子どもの内面を育てよう

総　説

① 「子どもの気持ち」からスタートする授業づくり

特別支援教育の分野で個別の指導計画を書くようになった頃から広まってきた用語に、「説明責任」や「PDCA」などがあります。これらの用語の裏に共通して存在する時代的特徴を一つ挙げるとすれば、「成果主義」です。「私は教師として子どもにこのように指導をしました」と保護者に説明をする責任を教師は負うようになり、そしてそうした指導を「計画（P）―実施（D）―評価（C）―改善（A）」の流れの中で、きっちり成果を出していくという教育実践が求められるようになりました。

もちろん、「きっちり」指導することが一概に悪いとは断言できませんが、そうした教育実践が広まる中で私たちが今まで大切にしていたことを忘れてしまうことのないようにしなければなりません。

そのような危惧を抱く一つの実践例を挙げてみましょう。ある教師が子どもに色の名前を教えようと積木を使って授業をしたのですが、子どもは積木のほうに興味を持ち、積み上げて遊ぶだけの授業になったとします。これをPDCAの考え方に当てはめて考えると、「色の名前を教えるのに積木ではダメだったから次の授業では別の物を使ってみよう」となります。

たしかにこの授業では「色の名前を教える」という目的を達成することができませんでした。色の名前を覚えることはとても大切なことであるので、この授業はどこかで改善方法を検討し、子どもが興味を持って色を覚えられるような教材や授業展開を考えなければなりません。

しかし、この授業を通して「この子は積木で遊ぶことがとても好き」ということを発見をしたとも考えられます。国語や算数を取り扱う課題学習のような授業なのであれば、当初の計画をその場で見直し、積木で形の名前を覚えたり、「積み上げる」という空間認識の学習に切り替えるなどという柔軟な対応があってもよいではないかと思います。

こうしたカリキュラムの見直しを含む授業改善を、筆者は「マクロレベルの授業評価」と呼んでいます。こうした評価―改善のサイクルを広く捉えてPDCAを論じることができるのであればよいのですが、あくまでも目標は絶対的なもので、と

▷1　アカウンタビリティとも呼ばれる。日常的な実践を保護者などサービスの受け手に説明する責任のことをいう。説明だけではなく、しっかりと相手の同意を得る場合には、「インフォームド・コンセント」という。

▷2　Plan - Do - Check - Action の頭文字をとったもの。もともと工学系の考え方で、製品開発の中でうまくいかなかった原因を探り、それを改善することを繰り返す中で徐々に完成品に近づけていくプロセスを示したものである。

▷3　新井英靖（2002）「授業評価と教育課程づくり：授業改革のシステムをつくる」湯浅恭正・冨永光昭編著『障害児の教授学入門』（コレール社），237-250頁を参照。

積木に興味のある子ども

にかくそこに到達するような授業を計画―実施―評価―改善していこうとする教育実践には筆者は否定的な考えを持っています。なぜなら，授業というものはあくまでも子ども自身が楽しいと思う「気持ち」を大切にして展開されるものと考えるからです。

このように，教師は子どもの内面を見つめ，子どもの気持ちからスタートする授業づくりが心がけたいものです。

❷ 「子どもの側から声をかける」ということ

こうした問題意識のもと，第3章では授業づくりの方法論ではなく，「子どもの内面を見つめる方法」について考えていきたいと思います。すなわち，子どもの思いを大切にしながら，共感的にかかわることが必要という中で，そうした実践はどのようにしたら展開できるのかという点について具体的に見ていきたいと思います。

まず，「子どもの側から声をかける」ということができているかどうかを確認してみてください。例えば，子どもが病院に行くなどの理由で保護者が迎えに来ていて，すぐに着替えをさせて子どもを帰さなければならない場面で，教師はどのような声を子どもにかけているでしょうか。

このとき，「大人の都合」を優先している教師や親の多くは，「遊んでないで，早く着替えなさい」という声かけになるでしょう。一方，「子どもは遊んでいたい」という気持ちがあって，その気持ちを「子どもの側から自発的に」変えようと思うような声かけをするのであれば，「お母さんが迎えにきたぞ。着替えなきゃ。急げ～。」となるでしょう（下図参照）。

▷4　本書の第1章①「特別支援教育教師に求められる力：共感性とつながる力」で共感的にかかわることの意味と方法について詳述しているので参考にしてほしい。

「子どもの側から声をかける」とは，こうした子どもの気持ちを代弁するような働きかけです。もちろん，これをしたからといってすべての子どもの言いなりになるというのではありません。上の例に示したように，「急いで着替えをさせる」という教師のミッションは変わりません。

しかし，その言い方は180度，違っています。こうした視点から教師の働きかけを見てみると，思いのほか教師や親は大人サイドからの発言が多いことに

気がつくでしょう。

例えば，触ってはいけないものに手を出そうとしている子どもに対して，「触っちゃダメ！」と強く言っていることはないでしょうか。もちろん，危険を回避するために，このような言い方をしなければならない場面もあるかもしれません。しかし，「触られて壊されると困る」という大人サイドの理由で制止する場合には，「これ，触りたいよね」と声をかけて子どもの手をそっと抑えるなどという対応もできると思います。本当に触られると危ないようなものは，本来，子どもの手の届かないところにおいておくべきです。

また，子どもが製作をしていてうまくできなかったときなどでも，「失敗したの？」と声をかけるのではなく，「あ～うまくいかなかったね」と声をかけるなど，こうした例は無限に出てくるのではないかと思います。

❸ 自発的に，楽しく生活するために子どもの内面を育てる

「子どもの側から声をかける」というのは，決して簡単なことではありません。それは，子どもの思いを尊重しながらも，教師の意図や指導を受け入れてもらうように働きかけなければならないからです。これは，教師の思うとおりにいつでも物事が進んでいくわけではないけれども，結果として教師の意図から大きく外れないように子どもの気持ちを動かしていくという指導方法なので，どこまで子どもの要求を聞き，どこまで教師の意図に従ってもらうか，その場での判断がとても重要になります。

教師の思うとおりに子どもを誘導したいという気持ちが強い教師にしてみれば，「手ぬるい指導」にしか見えないかもしれません。そうした教師は，即時的に子どもの行動を生起させたいと思っていることが多く，子どもの側から声をかけて指導するよりも，厳しく接した方が子どもが伸びると考えているのでしょう。

しかし，そうした「強い指導」のもとで生じた行動というものは，生活に根ざした力とはならないことが多いのが現状です。例えば，強い指導をする教師のいない場面では，まったく言うことをきかない子どもになっているなどということはよく見かけることです。

その一方で，子どもの側から声をかけ，内面を育てる指導を展開すると，様々な場面に般化[5]されていくことが報告されています。もちろん，般化までには時間がかかることも多く，同じ指導を繰り返すことが必要になるかもしれませんが，強い指導によって形成された行動よりも，明らかに自発的に行動することができるようになり，そして生活を楽しく過ごしていることが多いのも事実です。

▷5 般化とは学習した成果が日常生活の中でも発揮されることを言う。生活に根ざした能力やスキルは，基本的には学習成果が般化された状態であると考えられる。

4　人やものとのかかわりが子どもの内面を育てる

　子どもの側に立つ指導と強い指導の間にこのような違いが生まれるのでしょうか。そこには，内面を育てるということと関連があります。

　例えば，何かの作業をしていたときに，別のことに注意がそれて「あれがしたい」と感じた子どもがいたとします。この子どもが作業を続けられるように，教師はどのように働きかけたらよいでしょうか。

　厳しい指導をする教師であれば，「〜しなさい」と言って作業の場に子どもを連れ戻すかもしれません。しかし，それでは子どもは「○○先生に叱られたから，やらなきゃ」という気持ちしか育ちません。

　そうではなく，子ども自身がどうすればよいかが分かるように，（子どもの側から）声をかけてみたらどうなるでしょうか。具体的には，「あれがしたいな」という気持ちの子どもに「どんな順番でやる？」と声をかけたとします。すると，子どもは「順番」を考えて，やりたいと思ったことを「今の作業が終わったらやればいいか」と思えるようになるかもしれません。

　また，子どもが作業に少し飽きて，別のことを考え，「あれがしたいな」と考えているなと感じたら，「この道具を使ってみる？」というように，作業と別の興味ではなく，あくまでも作業の中で別の興味を持たせるように働きかけてみたらどうでしょうか。こうした言葉かけに反応して，子どもの興味は「この道具を使ってみるのもおもしろいか…」というように，継続して作業に興味を持つようになるかもしれません。

　このように，子どもの内面を捉え，子どもの側から声をかけるという指導方法は，子どもの内言語の成長に結びつくと考えられます。こうした指導を展開する教師には，子どもの内面を見つめる力が必要であるとともに，教師が子どもに働きかけるタイミングや精選された言葉の選択が求められます。そして，こうした指導方法の選択は，指導場面（状況）の中で子どもが見せる表情やしぐさから，自らの指導方法を柔軟に変化させていく中で行われなければなりません。本章では，こうした子どもと教師の内面で通じ合う指導の実際について，茨城大学教育学部附属特別支援学校中学部および高等部の実践を例にして紹介していきたいと考えます。

（新井英靖）

「内言語」に移行する教師の言葉かけ

▷6　内言語とは，子どもが自分の内面でどうするかを考える力のことをいう。子どもは他者や物とやりとりする中で言葉を覚え，活用する力へと成長させながら，その言葉が内面化されると考えられている。

参考文献
新井英靖・三村和子・茨城大学教育学部附属特別支援学校編著（2011）『発達障害児の感情コントロール力を育てる授業づくりとキャリア形成』黎明書房．

Ⅲ　子どもの内面を育てよう

1　子どもの内面を育てるために大切なこと

1　背景を探る——どうしてLさんは活動に参加できないの？

小学校の特別支援学級を卒業し，特別支援学校中学部に入学してきたLさんは，活動に参加することが難しく，クールダウンの部屋[▷1]で，一人で読書ばかりして過ごす毎日でした。

教師が1対1でつき，励ましの言葉をかけたり，説明しながら一緒に活動したりしても，その場から逃げてしまいます。また，活動に参加するようにしつこく促すと，暴言が見られました。

そのようなことが続くばかりで，状況が改善されなかったことから，Lさんの話をしっかり聞き，彼の行動の背景を探ってみることにしました。そうしてみると，様々な不安を抱えていることが分かってきました。（図1）

図1　Lさんの不安

（Lさんの不安：何をやるかわからない。／昔，嫌な思いをした。／新しい学校，先生，友だちが不安だ。／歌や音楽が嫌だ。／注意されるとイライラする。）

2　安心感を持てるように——Lさんのこえに応えよう

Lさんが活動に参加できるようになるためには，不安が減り，安心感が持てるようになることが大切だと考えました。まずは，Lさんのこえ（内面も含めて）にしっかり応えていくようにしました。（図2）

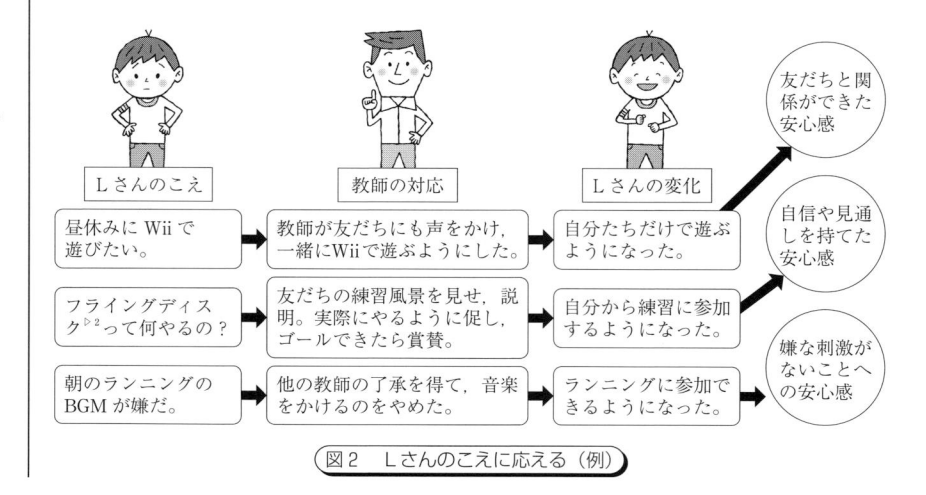

図2　Lさんのこえに応える（例）

Lさんのこえ	教師の対応	Lさんの変化	
昼休みにWiiで遊びたい。	教師が友だちにも声をかけ，一緒にWiiで遊ぶようにした。	自分たちだけで遊ぶようになった。	友だちと関係ができた安心感
フライングディスク[▷2]って何やるの？	友だちの練習風景を見せ，説明。実際にやるように促し，ゴールできたら賞讃。	自分から練習に参加するようになった。	自信や見通しを持てた安心感
朝のランニングのBGMが嫌だ。	他の教師の了承を得て，音楽をかけるのをやめた。	ランニングに参加できるようになった。	嫌な刺激がないことへの安心感

▷1　集団での活動のさい，何らかの原因によって不安定になった子どもの心を落ち着けるための部屋。知的障害児の特別支援学校では，周囲からの情報や刺激を不快に感じ，不安定になってしまう子どもが少なくない。その場合は，活動（集団）の場から離すことで，不快の原因を取り除き，クールダウンの部屋で心を落ち着かせる対応をすることもある。カームダウンとも言う。

▷2　直径20〜25cmのプラスチック製の円盤（フリスビーのようなもの）を用いる競技。コントロールを競うアキュラシーと，飛距離を競うディスタンスがある。障害者スポーツとして普及している。

③ 見通しと自信を持ってほしい

　Lさんが活動に参加できない要因として，見通しを持てないことと，経験不足による自信の無さが大きいように感じられました。そこで，「この時間はここまで（これだけ）はがんばる」という目標を本人と一緒に決め，できる（やり遂げる）まで教師が粘り強く一緒に取り組み，「できた」という経験を積み重ねていけるようにしました。目標は，Lさんの変容に合わせ，段階的に高くしていきました。（図3）

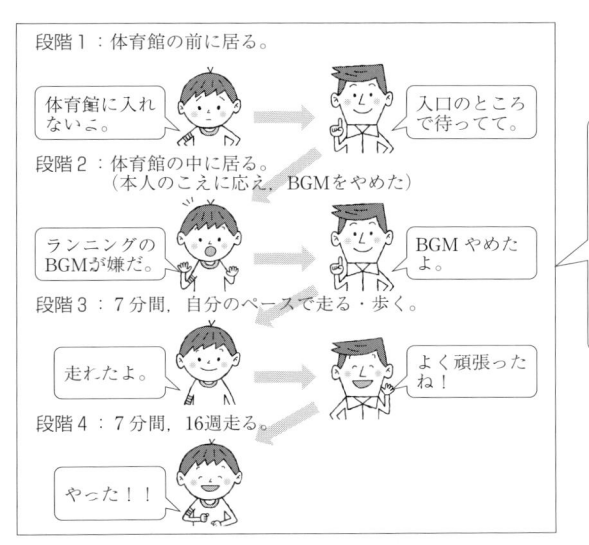

```
段階1：体育館の前に居る。
　「体育館に入れないュ。」→「入口のところで待ってて。」
段階2：体育館の中に居る。
　（本人のこえに応え，BGMをやめた）
　「ランニングのBGMが嫌だ。」→「BGMやめたよ。」
段階3：7分間，自分のペースで走る・歩く。
　「走れたよ。」→「よく頑張ったね！」
段階4：7分間，16週走る。
　「やった！！」
```

【大切にしたいポイント】
◎目標はギリギリ達成できそうなものが望ましい。
◎事前に活動内容をしっかり説明，一緒に目標を決める。
◎設定した目標はできる（やり遂げる）まで粘り強く一緒に取り組む。
◎できたときには思いっきり賞賛する。

図3　Lさんの変容（朝のランニングの例）

④ 教師が最大の理解者であること――Lさんも苦しんでいる

　Lさんに変容が見られた一番の要因は，彼の話をしっかりと聞き，内面に目を向け，理解しようとしたことだったと思います。

　Lさんには暴言が見られます。しかし彼には，その行動を振り返って反省する様子が見られました。それは彼自身，暴言が出てしまうことに葛藤し，苦しんでいるように見えました。

　そう思うようになってからは，Lさんに暴言が見られたときでも，「君が苦しいのは知っているよ。でも一緒にがんばろう」といったように，理解を示すような言葉をかけるようにしました。どの程度，伝わっているかは分かりません。しかし，教師が子どもの内面に目を向け，最大の理解者となることが，内面を育てるうえでの第一歩だと思います。

（山本征紀）

▷3　知的障害児の特別支援学校では，予測することが困難なために，初めてのこと，いつもと違うことに不安を感じ，気持ちが不安定になってしまう子どもが少なくない。写真や手順表などにより，先の活動内容がしっかり伝わると，子どもの安心・安定につながる。

参考文献

上野一彦・岡田智（2006）『【特別支援教育】実践ソーシャルスキルマニュアル』明治図書，9-33頁.
社会福祉法人　全国心身障害児福祉財団（2011）「新しい自立活動の実践ハンドブック」240-260頁.

Ⅲ　子どもの内面を育てよう

2 「できた」を実感できる働きかけ方
── E君の課題学習（お金の学習）における取り組み

1 E君は何に困っているのだろう

今年度から，入学してきたE君ですが，個別の学習を好み，友だちと一緒に活動する集団場面での学習への参加が苦手でした。どうしたら参加できるようになるのだろうか。そんな思いで，E君の「困り感」について考えてみました。日常からE君を見ている中で，E君の「困り感」について分かってきたことが2つありました。一つは，「つぎは何？」と頻繁に確認することが多く，次の活動への「見通しが持てないことへの不安」が考えられました。もう一つは授業中に周囲の友だちが一斉に笑う場面が苦手など，「周囲の人の感情の急な変化が怖い」ということが考えられました。これら2つの「困り感」が，E君の学習への参加を困難にしている要因と考えました。

2 E君が生き生き活動できるように

(1)「見通しを持てるように」

まず，E君の「見通し」を図るような支援を考えました。一般的に「構造化」▷1や「視覚的支援」▷2と言われている方法です。まず，机の配置やプリントを管理するケースなどを整えることでE君の学習環境を整えて，活動に集中できるように配慮しました。次に，1単位時間の活動の流れをスケジュールとして一枚の表にまとめることで一目見て分かるようにしました。最後に，活動の中にE君の興味関の高い活動を取り入れ，「好きなことをやりたい」という気持ちを生かして活動の流れを作りました。具体的には，活動の中に買い物の場面を設定し，自分の好きなもの（ミニカーなど）を買う活動を取り入れました。

以上のような支援を図ることで活動への参加の基盤が整いました。

(2)「周囲の人とうまくかかわれるように」

E君の「困り感」から考えて，最初の段階では，こちらの言動や表情は努めて静かに，穏やかに一定になるようにしました。ほめる時もいつも同じ口調や

▷1　構造化とは，単に机やいす，ロッカーなどの学習環境を整理することではなく，「目的とする行動が想起しやすい環境を設定すること」と考えるべきである。学習場面では，子どもが，その授業での活動内容が理解でき，見通しを持って活動できるように学習環境（机やホワイトボードの配置など）を設定することである。例えば，「遠足の思い出の絵を描こう」という活動に対する，構造化の一例として，机の上に鉛筆やクレヨン，画用紙を置き，黒板に遠足の写真を貼っておくことが考えられる。このような構造化が図られれば，活動内容を，自分で理解し，活動することができる。

▷2　子どもによっては，「言葉」による説明や指示など聴覚に働きかける支援よりも，「文字」や「写真」「イラスト」のような視覚に働きかける支援が有効な場合がある。特に，活動に対しての見通しを図るような支援を行う場合，活動の流れを，一枚のプリントにまとめることで一目見て，理解することができるようになる。

▷3　不安や緊張の強い子どもに対して大切なことは「受容すること」である。「受容する」とは，まず，よく「聴くこと」である。

トーンで行い，こちらの感情の起伏をなるべく感じさせないように配慮しました。また，かかわり方としては「待つ姿勢」や「受容的なかかわり」を基本としました。「〜しなさい」という指示的なかかわりをできるだけ避けるようして，「〜してみようか」や「どうしたい？」など，できるだけE君が主体となって考える，決める，活動に参加するという流れを作るようにしました。

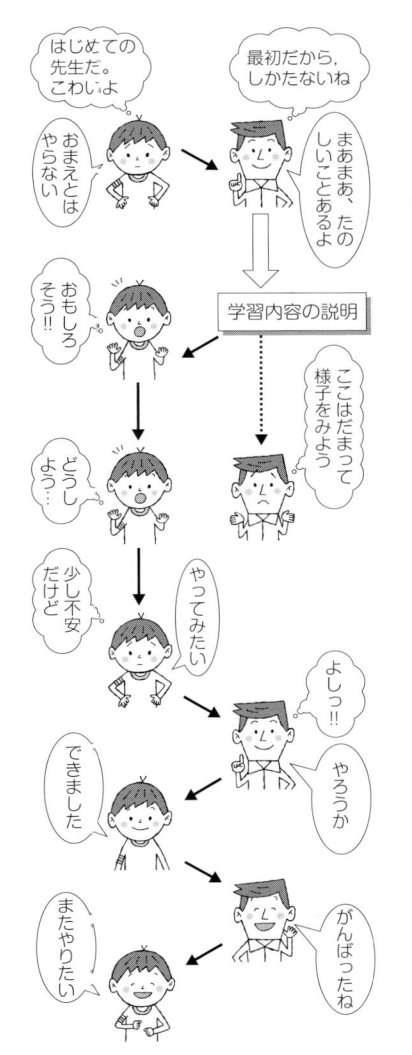

3 変わっていくE君

（1）「はじめての先生，おまえとはやらない」
課題学習グループの発表の時には，初めて一緒に活動する私に対して「おまえとはやらない。帰れ」と言っていました。まだまだ，最初のかかわりなのであせらないで丁寧に関係づくりを行おうと考えました。

（2）「やること分かった。楽しいことありそう」
構造化と視覚的支援で見通しが持てて，落ち着きました。好きな活動（買い物）への期待感が高まり，活動に向かう姿勢ができてきました。

（3）「やってみたら，できたぞ」
活動への参加の流れができてきたので，学習活動の目標（2種類の硬貨を使い金額を作る）が，達成できるようにE君の学習に対する「できた」という達成感を実感できるようなかかわりをしました。

（4）「できるぞ。つぎもやってみよう」
E君の達成感を教師がE君に実感できるように分かりやすく評価することで自信に繋がりました。問題数を増やすことや難易度を上げることを提案しても，「はい」と答えるようになってきました。

4 まとめ

教師とのかかわりの中でE君自身が「できた」という実感を積み重ねることでE君自身の肯定的な自己理解につながり，「やってみよう」というE君の主体性を育むことができたのではないかと考えています。授業中に生き生きと活動に参加する現在のE君の姿を見るととてもうれしく思います。

（遠藤貴則）

子どものネガティブな発言も含めて最初は，否定せずに聴く姿勢を示すことが重要である。次に，発言内容だけでなく，なぜそのような「発言」をしたのかまで含めて「意味を考えること」である。このような姿勢でかかわることで，子どもは「自分が受け入れられている安心感」と「自分の気持ちを表現しようとする意欲」を持つことができる。これらは，子どもの学習活動の基盤を支えるものである。しかし，「受容する」とは「子どもが好き放題に行動することを許すこと」ではない。必要なことは，子どもの気持ちや意見を受け入れつつも学習活動から大きくはずれることがないように，調整しながら流れを作っていくことである。こうしたことも教師の専門性の一つである。

▷4 国語や算数・数学を中心とする合科的な指導を本校では課題学習という名称で表現している。抽象思考が苦手な知的障害のある子どもにとって「教科学習」は，抽象的で，分かりにくい傾向がある。そこで，複数の教科を合わせた形で，身近で興味関心の高い教材を活用し，生活に生かすことができる実践的な力を育成することをねらいとしている。

参考文献

新井英靖・茨城大学附属特別支援学校編著（2009）『障害児の職業教育と作業学習』黎明書房．

岡田敬司（2006）『かかわりの教育学：教育的役割くずし試論』ミネルヴァ書房．

Ⅲ 子どもの内面を育てよう

3 人やものとつながる作業学習

1 作業学習で大切なことは？

　知的障害特別支援学校の中学部や高等部では，作業学習は教育課程の中核に位置付けられ，将来の社会生活に向けて職業教育の充実が図られています。作業をする中で，よい製品を作り上げることはもちろん重要です。しかし，その活動を通して子どもがどのように成長しているか，作業学習で子どもは何を学び，何を感じ取っているかという視点を，教師は常に持っていなければいけないと考えます。ここでは，手芸班でのバスケット作りを通して，作業への向き合い方が変化していったＦさんの事例を紹介します。

2 作業学習でのＦさんの様子から

（1）作り方を覚えて没頭する

　Ｆさんは自閉症と知的障害を併せ有する高等部男子です。もともと絵を描いたり切り絵をしたりすることが好きな生徒です。「カラフルなバスケットを作りたい」と希望し，手芸班の一員になりました。

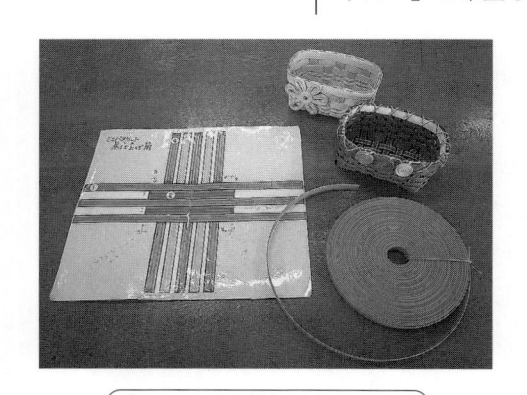

　まずは手順を示した型紙を用いて，バスケットを編む手順を覚えることから始めました。時々教師と確認しながら型紙に従って編み込んでいくことで，全工程をすぐに覚えることができました。Ｆさんが作るバスケットは，編み目が均一でとてもきれいです。好きな色のクラフトテープを選び，Ｆさんはバスケット作りに没頭するようになりました。

（2）オーダーメイドを経験する

　手芸班全員が作業に慣れてきた頃，校内の先生たちからオーダーを取って製品を作ることになりました。注文票を持って小学部のＡ先生の所に行き，希望の色，大きさなどを聞いて注文票に書き込んでいきました。それまで自分の好きな色や大きさのバスケットを作っていたＦさんでしたが，「相手の希望に沿う製品を作る」という作業になり，試行錯誤が始まりました。「ちょっと小さい」「少しずれた」などと言っては何度もやり直し，ようやく完成させることができました。小学部の先生の所に届けると，Ａ先生は「嬉しい！　ありがとう！」と言って握手をしてくれました。

▷１　各学校によって，様々な作業種目の班を編成している。多くの学校で行われている作業種目としては，木工，手芸（縫工），紙工，陶芸（窯業），園芸（農耕）等がある。最近の社会状況を踏まえ，サービス（流通サービス）等を取り入れている学校もある。

▷２　クラフトテープを編み込んで作る。作業工程は，テープ切り，底作り，バスケット編み等がある。

（バスケットの型紙とクラフトテープ）

喜んでくれたA先生とのやり取りがFさんにはとても印象に残ったようでした。Fさんの表情からは，一つの仕事をやり遂げたという満足感が感じられました。

（3）誰かが喜んでくれるために作る

年末に，校内でバザーが開かれます。手芸班でもバザーに向けての製品作りが始まりました。「お客さんが喜んでくれる製品を作ろう」という教師の言葉を聞いたFさんは，クラフトテープを手に取り，「これはお客さんが喜ぶかな」とつぶやきながら色を選んでいました。これまで以上に，一つ一つの手順を丁寧に編み込み，生き生きとした表情で作業に取り組む様子が見られるようになりました。

バスケットを編むFさん

3 思いを育てる支援の大切さ

バスケット作りに没頭していたFさんにとって，A先生へのバスケット作りは，「相手の希望に沿う製品を作る」という一つの転機になりました。身近な先生に喜んでもらえた経験は，次のバザーに向けての製品作りにつながっていると感じました。「誰かが喜んでくれる」という思いが，Fさんの製作意欲につながり，充実感を味わえるようになったと考えます。Fさんにとって作業学習でバスケットを作るという活動は，ものへの興味からのスタートでした。「作って楽しい」という活動が人とつながり，やがて「仕事への意識や誇り」「充実感」を持って取り組む活動へと変化していきました。

作業学習では，「いくつできたか」「きれいにできたか」「きちんと報告できたか」といった技術面や態度面が重要視されます。しかし，Fさんが作業をする中で得てきた「仕事への意識や誇り」「充実感」などは，人が仕事をするうえで不可欠な要素です。技術や態度だけではなく，その背景にある子どもの思いを育て，社会からの期待につなげる支援が大切であると考えます。

（椎名幸由紀）

▷3 Fさんは高等部入学前からものづくりに没頭できる生徒だった。活動に向き合うことは作業を行ううえでとても大切な力であり，働く基盤となる。そのような力を育てるためには，小学部段階から他者とともにものづくりをする楽しさをたくさん味わい，中学部や高等部の学習活動へと発展させるプロセスを考える必要がある。

参考文献

新井英靖・茨城大学教育学部附属特別支援学校編著（2009）『障害児の職業教育と作業学習』黎明書房．

Ⅲ　子どもの内面を育てよう

4　叱る・ごほうびではなく，子どもを受け止め一緒に考える

1　現場実習先で混乱するGさん

　Gさんは，高等部2年の女子です。明るく，友だちや教師とのおしゃべりが大好きな生徒です。学校では，何事にも一生懸命にがんばる様子が見られていたGさんですが，現場実習先で見せた態度に教師はとても驚きました。支援員の指示に反抗し，仕事をしない，納得がいかないと指導員や利用者を叩く…など，学校では見せたことのないGさんの姿がそこにはありました。教師は，その場では驚いて，強くそのような行動をもうしないように伝えたものの，学校や家庭以外の人とのかかわりの中で力を発揮できるようになってほしいとの願いから，これからの指導について担任間で話し合いをすることとしました。

2　Gさんの混乱をどのように捉えるのか

（1）これまでのGさんとのかかわりを考える

　これまでのGさんとのかかわりを振り返ると，叱ったりごほうびを目標にしたりしてきたことが，以前からかかわってきた教師から伝えられました。叱ること，ごほうびを目標にすることは，外発的動機付けであり，一定の効果があるとされていますが，Gさんの場合それによって，「もうしません」「しっかりやります」が口癖となっており，一時的な効果にしかならず，また同じ行動をしてしまうことが多く見られていました。「もうしません」「しっかりやります」と言えば，そのことについて深く考えなくてもその場から離れられると思っていたのかもしれません。しかし，Gさん自身に自分で考え，次の行動につなげてほしいと願う教師にとっては，これまでのGさんとのかかわりを見直すこととしました。

「もうしません」懇願するGさん

（2）新たなGさんとのかかわり

　担任間で話し合い，Gさんに対する新たな手立てでかかわっていくこととし

▷1　現場実習とは，現行の学習指導要領における「産業現場等における実習」と言われるものである。特別支援学校の教育課程における「作業学習」の内容または「職業」の発展と位置付けられる。特別支援学校高等部卒業後の進路先は，福祉施設や地域作業所，職業訓練，企業就労など多様であるが，生徒は教育の場から社会へと移行し，何らかの形で社会と主体的にかかわりを持ちながら生活をするようになる。特別支援学校における現場実習は，社会への移行をスムーズにするねらいを持った，企業または福祉施設や地域作業所等での体験学習である。
▷2　支援員とは，福祉施設や地域作業所での生活支援員のことである。福祉施設や地域作業所において，利用者の生活全般の支援を行う担当者のことである。
▷3　外発的動機付けとは義務，賞罰，強制などによってもたらされる動機付けである。内発的動機付けに基づいた行動は行動そのものが目的であるが，外発的動機付けに基づいた行動は何らかの目的を達成するためのものである。例えば，テストで点数を取るために勉強することや，ごほうびを目指してお手伝いをすることや，罰をおそれて行動

ました。新たな手立てとしては，①ごほうび的な外発的動機付けをなくす。②指導する場合は，教師が一緒に考える。③自分で選択したり，仕事を任されたりする機会を多く設定する。としました。

また，これらの手立てを考えるうえにおいては，「自律性（自己と一致した行動をする，自発的に行動する）を育てるには，◆選択する機会，励まし，目標の自己設定や自己評価…等の内発的動機付けを高める。◆すべては子どもの視点からスタート，子ども自身がどう思っているのかが大切」との文献を参考にしました。[4]

▷4　デシほか（1999）。

3　自分で考え始めたGさん

新たな手立てでかかわり始めると，少しずつGさんの変化が見られるようになってきました。問題となる行動が起きたときに教師が「何がいけなかったか，考えてごらん」という言葉かけをし，一緒に考えることを続けることで，徐々に自分から考えて話す場面が増えてきました。それと同時に「しっかりやります」の口癖は減ってきました。また，新たな手立ての場を学年内だけではなく，学部内や現場実習先と連携をして広げていきました。作業学習の園芸班で役割を任されたり，現場実習先でお茶入れ当番を任されたりする中で，やり遂げるとうれしそうな笑顔を見せていました。そして，毎回自分の力を出すことができなかった現場実習も，2年生の終わりには初めて自分で希望を伝えた実習先で，2週間仕事を行うことができました。

お茶係をがんばるGさん

Gさんの高等部2年の1年間の指導を考えたとき，ポイントとなることは，「教師のかかわり」と「役割・選択の場の設定」であると思われます。教師が子どもの主体性を促すような言葉かけをし，一緒に考えるやりとりを行っていくことで，自分の行動を真剣に振り返り，次につなげるきっかけになったのではないかと考えています。また，その中で自分の役割を任される，自分で選ぶといった実感を伴った体験を積み重ねることによって，Gさんが自分から考えて行動する自信につながっていったのではないかと考えています。

（和田美穂）

参考文献

エドワード・L・デシ／リチャード・フラスト，桜井茂男訳（1999）『人を伸ばす力』新曜社．

Ⅲ　子どもの内面を育てよう

5 内面の成長を社会につなげるために

1 高等部3年生を迎えたGさんの不安――「私，がんばった？」

高等部3年生になったGさん。前項（第3章④）で記述したようなかかわりによって，当初問題となっていた言動は少なくなり，現場実習先においてもずいぶん落ち着いて作業に取り組む様子が見られるようになってきました。しかし，高等部3年生になり，実習先や学校での活動において，頻繁に「私，がんばりましたか？」と聞くことが目立ってきました。周りから見るとよくやっているように見える活動においても，何度も不安そうに聞くGさんの様子は，こちらに何かを訴えているように感じられました。卒業まであと1年となったGさんの卒業後の社会へ向けて，自信を持って彼女の力を発揮してほしいとの願いから，これからの支援について考えることとしました。

2 内面の変化を社会につなげるために

（1）Gさんの不安を考える

Gさんの「私，がんばった？」の言葉をエピソードとともに振り返ってみると，やはり評価やペナルティーを気にする様子が多く見受けられていました。ランニングが終わった後に，「私，速かったですか？」と聞き，前回と変わらないタイムを伝えると，「給食のおかわりはなし？」と聞いてきたり，現場実習の作業の後に「私，がんばりましたか？」と聞いてきたり…。担任や支援員ががんばったことを伝えても，なかなか実感することができない様子がありました。いろいろなことに自分から挑戦し，がんばっているGさんが，自分のしたことに対し，じゅうぶんに達成感や満足感を感じることができないことは，とても残念なことでした。また，これらを感じられないことが，彼女の将来への不安につながっているのではと考え，自信を持って社会に進んでいくために，Gさんの支援を考えることとしました。

（2）不安を一緒に乗り越える：現場実習先との連携を含めて

まず，不安に対しては前年度に引き続き，本人の気持ちに寄り添いながら丁寧にやり取りをし，一緒に考えることを基本としました。また，様々な活動に

▷1　エピソードを記述する方法は，鯨岡ら（2007）が提唱している実践記録の方法論。エピソードには，逐語録に加えて書き手の思いも記す。自分の実践を振り返るとともに，一緒に実践を行っている複数担当者間で検討を行うさいの重要な資料となるものである。エピソードは記述するのみではなく，その後に複数間で検討し，実践に還すことが重要とされている。詳しくは参考文献の鯨岡ほか（2007）を参照。

おいて，"○○さんの役に立っている"等の達成できる役割を明確に伝える支援を行うこととしました。このような「結果が分かりやすい課題を与える」「頼りにされている経験を重ねる」「良いところを具体的に子どもに認識させる」等の支援を，Gさんの場合，特に彼女の気持ちを整理しながらこれらの支援を行い，彼女が納得する経験を多く重ねるようにしました。また，前項の支援も含め，Gさんの支援や変容については現場実習先にも伝え，協力を依頼することで，連携して支援を行うこととしました。

3　自信を持って進路先を選んだGさん

「私，がんばった？」と何度も確認していたGさんですが，支援を重ねる中で，徐々に変化が見られるようになってきました。6月の実習では，現場実習先で水筒の飲み物を飲むかどうかで納得がいかない場面がありましたが，支援員に「水筒はお弁当時にとっておくことがルール」と丁寧に説明されると納得し次の作業に取り組むことができました。これまでのGさんへのかかわりやGさんの実態だったら，また混乱してスムーズに次の作業に進めなかったかもしれません。また，10月には，作業学習から教室に帰ってくると「いも虫の仕事，任されました！」と任された害虫駆除の仕事を嬉しそうに伝えてくれました。担任は驚いた仕事でしたが，本人にとっては「任された！」という実感とやり遂げた達成感のある仕事だったようでした。これまでどんなにがんばっても「私，がんばった？」と聞いていたGさんが，自分が自信を持って取り組める役割を与えられ，やり遂げ，それを認められる経験を重ねてきたことで，自分の仕事に達成感と自信を感じることができたように思いました。

　Gさんは，11月の現場実習でも自分の作業に落ち着いて取り組み，反省会では福祉施設の方に「来年からよろしくお願いします」と伝え，進路先を決定することができました。「来年からは社会人になります」と学校でも嬉しそうに言っています。教師が子どもと丁寧に向き合い，子どもの思いを見取りながらかかわることによって，子どもが経験を重ね，自信を持って社会に進ことができたのではないかと考えています。

（和田美穂）

実習をやり遂げたGさん

参考文献

新井英靖（2011）「子どもの内面を成長させるためには大人（教師）はどう関わるか」三村和子編著『発達障害児の感情コントロール力を育てる授業づくりとキャリア教育』黎明書房，22-32頁．

鯨岡峻・鯨岡和子（2007）『保育のためのエピソード記述』ミネルヴァ書房．

コラム

子どもの内面を描くエピソード記述

　近年の特別支援教育における個別の指導計画のポイントとして挙げられているのが，行動面の数量でのチェック化です。それが絶対視されている状況に違和感を覚えている人も多くいるのではないでしょうか。重要視すべき点は，子どもの内面であり，それがどのように変化したのかということです。子どもの内面の変化を捉える一つの方法としてエピソード記述があります。

　エピソード記述とは，描き手が伝えたいと思う出来事を読み手に伝わるように「背景」「エピソード」「考察」の3部に分けてまとめる方法です。そこでは描き手の主観を取り入れ「あるがまま」の出来事を忠実に描くことが求められます。主体として自分が感じたこと，感じられた生き生き感を記述するところに特徴があります。

　描き方のポイントは，①出来事の全体像が読み手に伝わるように描くことです。読み手が共感できるためには出来事が読んで分からなければなりません。流れが分かるように詳細を付け加え，吟味することが必要です。②「受け止めて返す」を描く。子どもの思いをどのように受け止め，どのように対応したのかを記述することでそこには教師の主観が含まれ，教育の質を見直す価値のあるものになるでしょう。

　しかし，すぐに描けるものではありません。まずは描いてみて吟味しながら描き直すことが必要でしょう。注意点は，フィクションが入っても読み手には分からないため，表現の行き過ぎや起こった出来事を忠実に再現する態度が描き手に必要です。

　エピソード記述では，時系列にエピソードを重ねることで内面の変化が分かります。対象の子どもの内面の変化の内実を捉え，一つのストーリーのようにまとめることができます。また，周囲の友だちや教師とのかかわりの変容の理解を深めることができます。これらをケース会議の資料として活用することで，自らの実践を振り返り，支援のあり方，子どもの捉え方を見直すことができ，教育の質の向上につながっていきます。

　あなたもエピソード記述をやってみませんか。

　より詳しく知りたい方は，鯨岡峻・鯨岡和子（2007）『保育のためのエピソード記述入門』ミネルヴァ書房などを参照して下さい。

（渡邉　崇）

第 4 章

みんなが居心地のよい学級をつくろう

Ⅳ　みんなが居心地のよい学級をつくろう

総　説

1　集団の中で学ぶことの重要性

　特別支援教育においては、個別の指導計画にもとづき一人ひとりの教育的ニーズに応えながら、各自の成長を実現していくことが求められています。しかし、このことは、子どもを教師と1対1の関係の中で伸ばしていけば良いということでは決してありません。

　そもそも学校教育が学級集団を核として展開されているのはなぜでしょうか。マンツーマンで教育をするには教師の数が不足しているから、やむを得ず一人の教員が複数の子どもを見なければならないということなのでしょうか。そうではありません。子どもを集団で指導するには、そのほうが子どもを効果的に成長させられるという教育方法学的な研究・実践の蓄積があるからにほかなりません。

　特別支援教育の分野においても、他の子どもとのかかわりを大切にした授業は数多く展開されてきました。例えば、作業学習で食品加工班の子どもたちが、クッキーを作るときに、粉の量を計り、練って、焼くところまで一人で作業ができる子どもたちにあえて分業制にして作業させるようにしたとします（図1）。

　このグループの子どもたちは、一人ひとりの能力は比較的高く、クッキーをレシピに従ってそれぞれの子どもたちが作ることはすでにできていました。しかし、3人で仕事を分担しながら作るということになると、単に「クッキーを作る」よりももっと高度な能力が子どもたちに求められるようになります。

　具体的には、自分の作業が遅くなると、隣の友だちの作業が滞り、焼けるクッキーの量が少なくなってしまうということが分かったA児は、自分の作業をマイペースではできなくなり、一人で作るよりも雑な作業になってしまいました。一方で、A児の作業が遅く、自分のやることがなくなったB児は、忙しそうにしているA児やC児の手伝いをすることもなく、ふらふらとしながらおしゃべりを始めてしまいました。

　こうした力は「クッキーを作るスキル」という言い方では表現しきれないもので、「周囲の状況を見ながら自らの行動を柔軟に修正していく力」とでも言えるかもしれません。そして、知的障害のある子どもであっても、企業就労

▷1　教育方法学の分野では学級集団を核とした授業づくりの方法が体系化されている。詳しくは『吉本均著作集3』（51頁注5に紹介）を参照。

図1　3人で分業してクッキーを作る

を目指す生徒には欠かせない力であると考えます。

　また，こうした力は高等部に入ってから鍛えればよいというものではなく，小学部（小学校）のうちから意図的に指導されるべきものです。すなわち，特別支援学校や特別支援学級における集団を核とした指導を通して，他者と協働しながらものごと（イベント）を成し遂げる力を身に付けていくことが重要だと考えます。

❷ 集団形成の第一歩は「居場所づくり」から

　自らの役割を意識し，他者との関係の中で，状況に応じて何をすべきか判断する。これは，人間にとってとても大切な力です。しかし，それだけにそうした力を身に付ける指導を展開することは容易なことではありません。それは，他者を意識し，判断するさいには相応の認識力が必要であるとともに，「自分の気持ちを安定して保つこと」が求められるからです。

　他者を意識し，判断する際に必要な認識力をIQなどで評価するのに対し，自分の気持ちを安定して保ちIQを最大限に発揮する力をEQと言います。これは，どんなに能力が高い人であっても，社会的・情緒的な側面が不安定であったら，その力をじゅうぶんに発揮できないという考え方にもとづいています。例えば，友だちが困っている様子を見たときに，どのように助けてあげれば良いかが分かっても，実際場面で「もっと意地悪をしてやろう」という気持ちにしかならなければ，「困っている人を助ける」という行為をすることはありません。

　それでは，困っている人を見たときに，「助けよう」と思い，行動に移せる人はどのような人なのでしょうか。EQの視点から説明すれば，「自尊心」や「自己肯定感」の高い人ということになります。こうした気持ちを育て，社会的な行動を促進していくことをねらった教育実践として「ライフスキル教育」がありますが，近年，こうした実践が世界的に展開され始めています。

　ただし，世界的な流れが生じるずっと以前から，日本においては「居場所づくり」という言葉で同様の教育が行われてきました。「居場所」とは，学校に自分の席があるというような物理的なものではなく，自分という存在が固有のものとして認識され（固有名詞に呼びかけられ），認められ，あてにされていると感じられる精神的な拠り所を言います。

【居場所とは】
毎日学校に来ていれば，居場所ができるというわけではなく…

● 固有名詞に呼びかけられ，
● 認められ，あてにされている集団があること

▷2　理想的には就学前の段階から，集団の中で学ぶ力を育てることが重要である。ただし，現状では，知的障害児や発達障害児が集団で協同的な活動を組織的に展開している幼児教育を受けている子どもは少ない。

▷3　EQとはEmotional Intelligenceの頭文字を取った言い方で，1990年代後半にアメリカのゴールマンという人が提唱したものである。日本語では感情指数などと訳され，認識能力を社会的に発揮する力のことを言う。EQを測定するテストなども開発されている。

▷4　2000年以降にWHOなどが中心となり，EQの考え方を基盤にして「ライフスキル教育」が開発された。ここでは，人と円滑にコミュニケーションを取る能力や葛藤をどのように調整するかなど，人間関係や感情調整の方法を学ぶ教育プログラムが示されている。

▷5　吉本は集団の中で促進したい行動が出てきたときにそれをほめて周囲に促す方法を「指さし」と呼んでいる（吉田均著，久田敏彦・深澤広明編・解説（2006）『学級の教育力を活かす吉本均著作選集3　学習集団の指導技術』明治図書参照）。

❸ 身体的に共鳴し合う集団をつくる

　以上のような集団を形成するためには，学校行事や学級会などの特別活動はとても貴重な時間です。例えば，小学校などで「群読」に取り組み，とてもよい達成感を味わうと，その後の子どもたちの人間関係がよいものに発展したという報告は多くあります。また，クラス対抗の合唱コンクールを盛大に行っている中学校や高等学校などでは，合唱コンクールの当日までは様々なトラブルがあっても，それを乗り越え，クラスが一つにまとまっていくことを期待して行事に取り組ませている学校も多いことでしょう。

　中学校や高等学校の例で言えば，特別活動とは少し異なりますが，部活動にのめり込んでいる子どもたちは，そこで人間関係に苦労しながらも，やはり生徒たちは居場所を感じ，人間関係を築く力や社会性を身に付けていることが多くあります。

　このように，様々な集団活動を通して，子どもたちが相互に絆を深め，集団として高まっていくことができるのは，身体的に共鳴し合っているからだと考えられます。すなわち，上記に挙げた活動は，

> ●他者と「つながっている」と感じる活動の連続である
> ●ともに「助け合う」ことや「切磋琢磨する」といった学び合いがある
> ●イベントや試合を終えたときのような身体的な充実感がある

という共通点があります。つまり，みんなが居心地のよい学級をつくるためには，身体的に共鳴し合う活動を通して，集団が徐々に高まっていくプロセスを生み出すことができるかどうかが重要です。

　特別支援教育においては，子どもの個々の障害特性に応じてどのように対応するかということが重視される傾向にあるため，こうした集団での子どもどうしのやりとりや，その高まり，深まりを追究した実践はどちらかと言えば少数でした。また，自閉症などの発達障害児は，もともと人とかかわることが苦手であるために，「集団」全体の変化を捉えるといった授業はあまり展開されてきませんでした。本章はそうした自閉症児が多く含まれる知的障害児の特別支援学校で，特別活動（主に集会）を軸にして，子どもたちの仲間意識や集団を育てる実践について紹介したいと考えます。

　居心地のよい学級づくりというものは，毎日通う学校でお互いが心地よく影響し合える仲間がいることが大切です。そして共に影響し合う中で，それぞれが成長し続けることができる集団をつくることが重要です。自閉症児が多く含まれる知的障害児の教育実践においても，そうした集団形成は可能であると考えます。

4 「共同体形成＝自治」が集団づくりのキーワード

それでは，具体的にどのような活動を，どのように配慮すれば知的障害児の集団が発展していくことができるのでしょうか。ここでは，そうした集団形成を支える原理についてまとめてみたいと考えます。

すなわち，みんなが居心地のよい集団を形成するためには，学校や学級で「自治」や「共同体」をキーワードにした活動を展開できるかどうかにかかっています。子どもたちの発案を大切にし，他者とかかわりながら，試行錯誤して活動を遂行し，そうした活動が単発のイベントで終わらずに，発展し続けることができる教育実践を展開できるかどうかが鍵となります。つまり，あるイベントを軸にして，子どもと教師でともに活動を創造し，発展していくことができるかどうかがポイントです。

以上のような活動を展開するためには，「教師が教える―子どもが学ぶ」という図式ではなく，教師と子どもがともに学ぶ姿勢を子どもに示すことが重要です。これは，「自治」や「共同体」の発想で考えると「互恵的・互助的集団をつくる」というように表現されています。

そして，子どもたちどうしや子どもと教師で協働しながら活動を進めていくことを奨励するのであれば，能力的に低い子どもや特別な配慮を必要とする子どもへの対応を検討することも重要です。同様に，「自治」や「共同体」の発想で考えると，こうした子どもがグループにいた時には「特別ルール」も可とし，集団のメンバーでルールを形成するというような，そんな活動を展開していくことが求められます。

こうした活動を展開していくと，このグループには「指揮者はいるが，支配者はいない」というような雰囲気を形成することができるようになります。まさに，こうした原則は「自治」に相当するものであり，その場をみんなが居心地のよい場所とするために，みんなが参加し，みんなで考え，みんなで決めていく。そんな集団づくりを目指して実践することが教師に求められると考えます。もちろん，以上のような教育実践は，自閉症児を多く含む知的障害児の教育においても同様に実践することができると考えます。

どのような視点で集団を見つめ，どのように指導を展開すれば，知的障害児の集団は発展していくか。本章では，そうした集団づくりの方法を茨城大学附属特別支援学校小学部の実践を示しながら，具体的に紹介したいと考えます。

（新井英靖）

集団形成のキーワードは自治・共同体

子どもたちと教師がつくる特別活動
①子どもたちが企画する。
②他者と関わりながら、思考錯誤する。
③発展し続ける活動を展開する（ゴールフリー）
子どもたちがやってみたいイベントづくりから始める

子どもと教師で学校を「自治」する
| 互恵性・互助的集団をつくる | 集団内で通じるルールがある | 指揮者はいるが支配者はいない |

▷6　第1章総説で子どもと教師がともに主体‐主体関係を築いて教育活動を展開することの重要性を述べているので，参照してほしい。

参考文献
高山直（2007）『EQ入門：対人能力の磨き方』日経文庫.
岡田敬司（2004）『「自律」の復権：教育的かかわりと自律を育む共同体』ミネルヴァ書房.

Ⅳ　みんなが居心地のよい学級をつくろう

1 子どもどうしのかかわり合いの中から学ぶ

1　子どもたちのかかわりに目を向ける

　学校では，授業場面だけでなく一日の活動を通して「子どもたちどうしのかかわり」を目にする場面がたくさんあります。それは言葉を介したものだけでなく，注意深く見守っていると目線や指さし，ハイタッチや握手など様々なものが含まれています。子どもたちに活動を促したり誘ったりする場面，指導する場面では教師が自分なりの方針や伝え方でかかわることが多いのですが，時としてこの子どもたちどうしのかかわりから気付かされることも多くあります。
　そこで，実際にあったエピソード▷1（小学部における集会活動での出来事を中心に）を交えながら，子どもたちどうしのかかわり合いから教師がどう気付き，学ぶのかについて紹介していきます。

2　かかわりを捉え，学ぶ場面──エピソードを交えて

（1）お互いの良さを認め合い，任せること
　集会活動での係分担を決める時に立候補や友だちを推薦する方法を子どもたちに決めさせてみました。すると，感想発表を決める場面でHさんは同じクラスのIさんを指名したのです。「どうしてHさんが良いと思うの？」と聞くと，「ゆっくり話せる人で最後までちゃんとできる人がいい」という答えが返ってきました。実はクラスの中で指名されたIさんにとってHさんは憧れの存在であり，なんでも真似したい相手でした。そんなHさんに自分の良さをみんなの前で紹介され，係を任されたIさんは，そわそわしながらも「自分の係だ」と嬉しそうに引き受けました。
　これまで係分担は教師が指名することや，クラスで順番に担当することが多くありました。今回，子どもたちが決めることで友だちの良さを紹介できたAさんにも感心しましたが，大勢の前で認められ任せることが子どものやる気を引き出すことを改めて感じた一場面でした。

（2）子どもの発言から気付かされること
　集会活動で，じゃんけん列車▷2を行った時，優勝決

▷1　参考文献『保育のためのエピソード記述入門』（鯨岡ほか，2007）を参考に，子どもたちの行動や言動をエピソード記述した。毎回あったエピソードを記録して振り返るようにした。
▷2　二人組でじゃんけんをし，負けた人が勝った人の後ろにつながり，どんどん列車のようにつながっていくゲーム。相手を次々に見つけていき，先頭の人どうしでじゃんけんをする。最後に全員が一列になったらおしまいにする。

Bさんがいいね！
ゆっくりはなせるし…

Aくんがぼくのことを指名してくれた！
うれしいな…！

定の場面で，どうしても勝ちたいJさんは連続で後出しをしていました。何度か仕切り直した結果Jさんは負け，悔しさを隠し切れない様子でした。教師は「次もあるからがんばろうね」と伝えつつも次の活動に気をとられ，進行しようと急いでしまったのです。その様子を最後まで見ていた6年生のHさんは対決を終えた二人の肩に手を置き「どっちもがんばった。最後は二人で握手しよう」と言葉をかけてその場をおさめようとしたのです。教師はこの言葉かけにハッとさせられました。悔しがるJさんの方にばかりに気持ちが向いていたことに，その時初めて気付いたのです。待たされているもう一人の子どもに言葉をかけていなかったことや，結果として優勝は一人に絞られるルールのゲームでしたが，最後まで残った二人ともを労い，さらにはその様子を見守り待っている他の子どもたち全員にも語りかけるような言葉であったからです。

3 教師として学ぶ姿勢を忘れないこと

　日常的によくある場面の中でもお互いの気持ちに寄り添う姿に「なるほど」と気付かされることが少なくありません。子どもどうしの何気ない会話やかかわりに耳を傾け，よく見つめ，学ぶ姿勢が不可欠になってきます。教師は子どもの性格や特性，これまで一緒に過ごしてきた時間から得られた情報に応じて，自分の指導方針，様々なかかわり方で子どもに接するでしょう。そのかかわりがうまくいく場合ばかりではありません。その時に，あの手この手で手法を変えて様子を見守ることも大事ですが，意図的に子どもたちどうしで誘ったり言葉をかけたりする場面をつくることも大切です。

　また，「〇〇さんだったらどうするだろう？」「前にこんなやりとりをしていたな。やってみよう」と子どもたちのかかわりからヒントを得ることも多様な指導方法を身に付けるうえで大切ではないでしょうか。学ぶという言葉は「真似る」という意味が含まれています。教師は，たくさんの経験を積み重ねても，いつまでも周りの教師や身近な子どもたちから学ぶことや，焦らず自分を振り返り，かかわりを素直な気持ちで見つめる姿勢と余裕を持つことを意識したいです。

（渡邉鮎美）

参考文献

鯨岡峻・鯨岡和子（2007）「事例をエピソードで描く」鯨岡峻・鯨岡和子著『保育のためのエピソード記述入門』ミネルヴァ書房，145-189頁．

吉本均（2006）「居場所としての班づくり」吉本均著，久田敏彦・深澤広明編・解説『学級の教育力を生かす吉本均著作選集3』明治図書，182-189頁．

杉田洋（2009）「人間関係をつくる学級活動［理論編］」『よりよい人間関係を築く特別活動』図書文化，143-155頁．

Ⅳ　みんなが居心地のよい学級をつくろう

2 学級（集団）の中に居場所をつくる
　　──居場所を見つけたKさん

1　あの子がここにいられるには？──「みんなで朝の会」のKさん

　同じ学級の友だちと一緒に活動することに慣れてきた1年生のKさん。入学式では会場に入れず，教師が「Kさんは集団での活動は不安で苦手なんだろうな」と感じていた児童です。入学から半年が過ぎた頃，毎週1回，小学部「みんなで朝の会」をすることにしました。「実習生を迎える会」や「学習発表会」などの集会は不定期にはありましたが，定期的に行われる集会はありませんでした。新たな試みとして学級単位ではなく，小学部の仲間を4つの縦割り班にして，班ごとに集合し活動することにしました。集団の輪を広げるためです。始めたばかりの頃は「さあ，始まるよ」と言葉かけしても，Kさんは教師の予想どおり「分からないよ」「不安だな」といった様子でみんなの中に入れずにいました。「どうしたらKさんはみんなといられるかな？」と教師間で話し合いをしました。

2　環境を整える──Kさんの場所はここだよ

　集団の中に入れないといっても，部屋の端にあるベンチに座って活動を眺めていることもあるKさんに，教師は「きっと嫌なわけではないよね。何かが不安だから？」と考え，「自分の場所が分からないから不安？」「やることが分からなくて不安？」「誰と一緒か分からないから不安？」等意見を出し合い，まず最初に分かりやすい環境に整えてみようということになりました。

（1）座る場所を変えてみる

　今までは班ごとに縦に一列に並んで床に座っていましたが，班の友だちの顔が分かりづらいので，平均台4つをロの字型に置いてベンチにみたて，同じ班は横一列に座り，横を向けば同じ班の友だちを見られるようにしました。ロの字にすることで4つの班の全員と顔を合わせて座ることができるようにもなりました。気持ちがそれて飛び出したとしても，ロの字の中なので集団の中にいるような雰囲気を保つことができました。

（2）流れを毎回同じにする

　朝の会の流れを毎回同じに設定しました。同じことを繰り返して行うことで「この会は知っているから安心」という気持ちになるのではないかと考えたからです。会を繰り返していくと，表情も「これは知っているから大丈夫」とい

```
1　あいさつ
2　ひにち・てんき
3　よてい
4　うた
5　せんせいのはなし
6　あいさつ
```

う様子で会が進行する様子を座って見ていることが多くなりました。

（3）集合のメロディを流す

始めの頃は教師が「みんなで朝の会が始まるよ」と言葉かけをしていましたが，始まりの合図として同じ曲を流すようにしました。集合のメロディが聞こえると何人かの友だちが気付き，活動場所のプレイルームに集まるようになりました。それを見ていたKさんが「何かがあるのかな？」という様子で，教室からプレイルームに出てきました。3回目くらいからはメロディを聞くと自分からプレイルームに出てベンチに座るようになりましたが，自分の座りたい場所に座っているようでした。学級の友だちとは安心できるのか同じ学級の友だちがいるベンチに座っていました。

（4）看板作りをする

そこでグループの看板作りをすることにしました。班ごとに色分けをした用紙に顔写真を貼ったり飾り付けをしたりしました。自分たちで決めた班名を考えることにもしました。「Kさんは青（海）班だね。○○さんや△△先生も同じ班だね」と教師が写真を指さししながら言葉をかけることで，自分でも看板を見て自分の写真や友だちの写真を指さす機会が増えました。

3 環境を整え，教師が意図的にかかわる──待つというかかわり

環境を整えただけで「分かりやすくなって」Kさんが集会に参加できるようになったわけではありません。教師のかかわり方を変えたことも要因ではないかと思います。

教師がKさんに「座って参加させるには？」「どうやって連れ戻そう？」などと考えていた時はKさんに直接「座ろうね」「ここだよ」と手を引くこともありましたが「今，Kさんは何を考えている？」「何が不安？」と常にKさんが何を考えているかを予測してかかわることにしました。例えば集会で飛び出したとき，「何か原因がある」「友だちが声をかければ戻るかもしれない」「自分から戻るかもしれない」と考え「待つ」ことにしました。すると「少しうるさくて嫌なんだな」と分かったときには「そうだよね。ちょっと騒がしかったよね。これは嫌だよね」と共感したり，「ねえ，Kさんどうしたのかな？ 心配だね」と別の児童に言葉かけして待つようにしたりしました。すると「Kさん，一緒だよ」と同じ班の友だちがB君に声をかけたり，肩にタッチしたりするようにもなりました。Kさんが別の班のベンチに座っていると「Kさんはこっちだよ」と友だちが手を引いて自分の班の場所に案内されることもありました。学級以外の友だちからの誘いも受け入れていることに気付き，教師みんなで喜びました。

環境作りをはじめ，かかわりを変えていったことで安心したKさんは学級以外の友だちからのかかわりも受け入れて，「ぼくの場所はここだよね」と自分の班のベンチに座って集会に参加するようになったのだと思います。（冨安智映子）

Ⅳ　みんなが居心地のよい学級をつくろう

3　「みんなで朝の会」を通した集団づくり

① 「みんなで朝の会」について

　茨城大学教育学部附属特別支援学校の小学部では，「安心して活動する」「自信を持って行動する」「自分から考えて動ける」「いろいろな人とかかわる」ということを目標に学校生活を支援しています。その中で，普段はクラス単位で行っている「朝の会」を週に一度，学部全員で行うようにしました。この「みんなで朝の会」を行うに当たり，以下のように学部職員全員で共通理解を深めました。

　①テーマ曲で集合
　　「何かはじまるのかなぁ」ということに自分で気付き，集まる。
　②配置の工夫
　　→学部の児童・教員の全員の顔が見えるようにする。
　③繰り返し行う活動の実施
　　→「知っている」「分かる」活動を通して，安心して活動する。
　④リーダーの設定
　　→仲間への意識の高まり，集団としての深まり。
　⑤具体的・感覚的に楽しめるもの
　　→めいっぱい「楽しむ」ことにより，一体感や満足感を得る。

② 少しずつ新しいことに慣れてくるＭさん
　　──「みんなで朝の会」の実践を通しての変容

（1）普段のＭさんの様子から

　私の担当するＭさんは慣れないことや初めてのことに対して苦手意識があり，自分があまり興味の持てない活動は早く終わりにしたい様子が見られました。新しい学年となり学級も新しくなると，新しい友だちから話しかけられたり，手をつなごうと誘われたりするとその友だちを見たり，手をつなぐことはあっても，自分から友だちにかかわろうとする姿はあまり見られませんでした。そんなＭさんですが，もうすぐ夏休みという時期の給食の時間にいきなり「どりゃ──」と声を出したことがありました。何度か聞いているうちにそれは同じクラスの友だちの口癖であることが分かりました。その様子を見ていると，Ｍさんは友だちに興味がないわけではなく，ちゃんと友だちの様子を見

て，いつか自分からかかわってみたいと思っていたに違いないと感じました。Mさんにとって友だちや教師と一緒に同じ時間を過ごすことで，教室が安心できる空間となり，自分から友だちにかかわろうとすることができたのではないかと考えます。

3 「みんなで朝の会」を通したMさんの変容

(1) Mさんの変容

Mさんは「みんなで朝の会」を通して，以下のように変化しました。

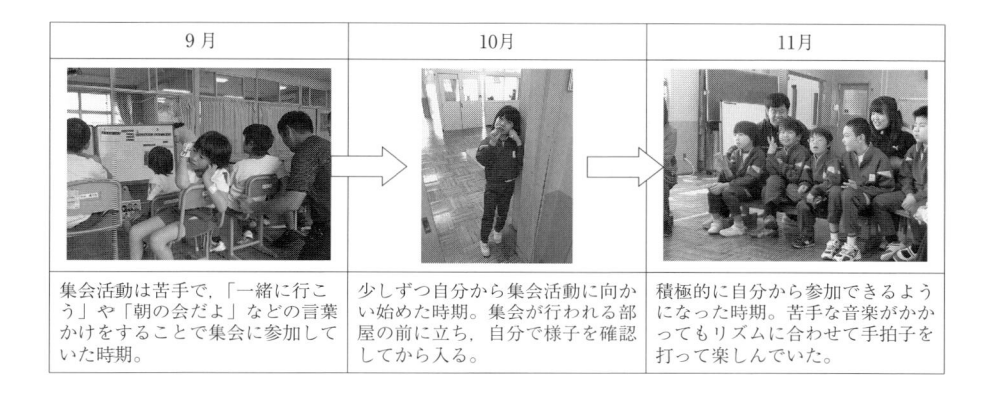

9月	10月	11月
集会活動は苦手で，「一緒に行こう」や「朝の会だよ」などの言葉かけをすることで集会に参加していた時期。	少しずつ自分から集会活動に向かい始めた時期。集会が行われる部屋の前に立ち，自分で様子を確認してから入る。	積極的に自分から参加できるようになった時期。苦手な音楽がかかってもリズムに合わせて手拍子を打って楽しんでいた。

(2) Mさんの変容の理由と考察

Mさんにとって「同じ活動」であることで活動自体に見通しを持つことができるようになったと考えます。見通しを持って取り組むことで「知っている」「分かる」という自信につながり，自分から活動に参加できるようになりました。また，「同じ友だち・教師」との活動もMさんにとっては安心感を高める一つでもありました。「この中だったら○○してもいいかなぁ」という一歩を踏み出せる要因になったように感じます。そして，学級ではないグループ活動を通して学部全体での活動をすることで，学級以外の友だちへのかかわりが増えました。それはMさん自身の広がりとなりました。以上のように考えると，新しい活動（ここでは「みんなで朝の会」）を始める時には，その中にも「安心できる活動」を入れること，「安心できる人と一緒に活動できること」が大切であるように感じました。また，Mさんは自分のペースで慣れていったように，あせらずに活動に取り組むことが大切です。そこには「やらせよう」ではなく，「やってみようかなぁ」や「やりたい」と思えるようなゆとりある教師のかかわりが必要であると考えます。

（滑川　昭）

Ⅳ　みんなが居心地のよい学級をつくろう

4　子どもたちが主導する楽しい行事

1　集団の中での「居場所」を大切に

茨城大学教育学部附属特別支援学校小学部の集会活動での一場面（創作ダンス）を例に挙げ、「子どもたちが主導する楽しい行事」について述べます。本実践例での楽しい行事を実践するにあたってのポイントは、以下の4点です。

- ○「安心感」のある活動であること
- ○「人とのかかわり」がある活動であること
- ○「自分から」取り組めるような活動であること
- ○「自信を持って」取り組める活動であること

「居場所」がある

この4点を授業づくりのポイントとし、集団の中で「わたしはここに居てうれしい、この人と一緒に居ると安心できる」というような、子どもにとっての「居場所」を大切にし、実践しています。

2　創作ダンスの担当になったNさん

ダウン症の元気な男の子
気持ちの浮き沈みが大きい
気持ちや場面の切り替えが課題点

本校では様々な行事のさいに創作ダンスを踊る場面があり、親睦や交流を深めています。ダンスは、子どもたちにとっても見通しが持て、身体的にも感覚的にも楽しめる活動です。ダンス担当教師Mは、人気アニメに登場するガキ大将的なキャラクター（仮称：G）に扮して、毎回ダンスの示範を担当しています。

ある日、Nさんは下校間際に「(ぼくも) Gやりたい。ねぇねぇ、お願い」と、教師Mに訴えてきました。毎回、ダンスのさいに登場するGに、あこがれを抱いていたNさん。学校生活では、笑顔いっぱいに活動する場面と、座り込んでしまいその場から動かない場面との差が大きく、気持ちや場面の切り替えが課題点となっていました。

教師間の話し合いのもと、Nさんにダンスの担当を役割として定着さ

▷1　居場所とは、子どもが安心できるような物理的な空間だけではなく、子どもが自己肯定感を持ち、自己実現できるような場面や活動を言います。他者から認められ、受容され、また他者を受容していると感じられるような、居心地のよい空間や活動のことです。

ダンスには欠かせない存在

せることにしました。「ぼくには大好きなダンスの役割がある」という、自信と安心の居場所を作ることができる、と。また、ダンスを通して、集団としての楽しさを味わうには、教師主導ではなく、「子どもたちが主導する」ことも大切な視点であると考えました。

❸ ダンス隊のリーダーとして成長していくNさん

Nさんは行事のさい、ダンスを担当し、貴重な存在として活躍していきました。そのうち、下級生が「(ぼくも)Gやりたい」と、教師に伝えてきたことで、合計4名の子どもからなるダンス隊が誕生し、Nさんはダンス隊のリーダーとなりました。Nさんの自信に満ちた生き生きとした表情は、ダンスの場面だけでなく、学校生活全般でも以前にも増して見られるようになりました。学校生活のいろいろな場面で、教師Mの耳元で「(また)Gやろうね」と、小声でニコニコとささやくNさん。集団の中での役割意識が芽生え、確かな自己肯定感が育っていると感じました。

「よし、僕にはダンスがあるんだ！」

❹ 居心地のよい居場所ができたNさん

ダンスの担当になったことで、Nさんは自分の力を最大限に発揮する場面ができました。教師は子どものやる気を高めるような場面を意図的に設定し、子どもの役割や活動を認めてあげました。A男は「やりたい、またやってみたい」と思うような活動ができたことで、学校生活の中で居心地のよい居場所ができたのです。他者から認められ、受容され、そして自分自身も他者を受容することで、Nさんの学校生活はより充実したものとなりました。

最後に、あるエピソードを紹介します。ある日、早退するために母親がお迎えに来たさい、教室のいすに座ったままで動かないでいるNさんがいました。教師Mから「またG、頼んだよ。一緒にやろうね」の言葉を受け、「うん♪」とうなずき、笑顔で動き出したNさんの成長が、このダンスを通しての大きな収穫となりました。

(茂木武啓)

ダンスでは、僕もみんなも大喜び♪

Ⅳ　みんなが居心地のよい学級をつくろう

5　集団の高まりは子どもの生活を広げること

1　集団意識の高まりの中で

（1）恥ずかしがりやのOさん

　Oさんは5年生のダウン症の女の子。恥ずかしがりやで自分から積極的に活動する子ではありませんでした。ところが、そんなOさんが小学校との交流会「ようこそ集会」[41]で小学生の合唱を聞いて、「上手だったね」とみんなの前で感想を発表しました。大勢の人の前で自分の言葉で発表したことは、教師も話を聞いたお母さんも驚いて、とても嬉しい出来事でした。Oさんには何があったのでしょうか。

（2）なかよしの友だちと一緒なら

　小学部縦割り班で行う「みんなで朝の会」[42]を始めた頃、Oさんは6年生のPさんといつも一緒にいました。同じグループには他にも下学年の友だちがいましたが、Oさんはいつもpさんを気にかけていました。

　その頃、小学部でゲームやダンスをして楽しむ「なかよし集会」[43]の司会を決めることになりました。きっと自信になると考えた教師がOさんを誘うと、OさんはPさんを誘い、「私たちがやります」と手を挙げました。Pさんと一緒なら安心してできると思ったのでしょう。その後、司会をやり遂げたOさんはとても嬉しそうで、「私にもできた」という自信を感じているように見えました。

（3）「同じグループだよね」

　「みんなで朝の会」を毎週行う中で、Oさんの行動に変化が見られました。それまではPさんと一緒にいることが多かったのですが、下の学年の友だちのことを気にするようになり、「○○くんは赤グループだよ」と呼びかけたり、誘ったりするようになりました。朝の会を継続して行う中で、安心して活動に取り組むことができるようになり、グループの中に自分の居場所を見つけることができたのでしょう。

（4）「私の学校へようこそ」

　小学校との交流会「ようこそ集会」でも子どもた

▷1　本校では近隣の小学校との交流会を1年に二度行っている。一度目は本校で行い、二度目は小学校に行って行う。近隣の小学校との交流のほかにも、附属幼稚園、附属小学校との交流会を行っている

友だちと二人で司会をするOさん

▷2　第4章③を参照
▷3　縦割り班（1年生～6年生までを4～5人のグループで編成）を取り入れた3つの集会活動に取り組んでいる。

集会名	内容等
みんなで朝の会	週1回、朝の20分間、あいさつ、歌、日程確認、献立発表等
なかよし集会	ゲーム、ダンス、学習したことの発表等
ようこそ集会	教育実習生との対面式、学校間交流等、新しい人との出会い等

ちが安心して活動できるように工夫をしました。子どもたちが歌い慣れている歌やダンスをしたり，運動会の種目を元に小学生と二人組になってできるゲームを行ったりしました。そうすることで，初めて出会う友だち，いつもより大きな集団の中でも，「私たちの学校へようこそ」という気持ちを持ち，楽しく活動することができました。

　ダンスやゲームの後，小学生が合唱の発表をしました。きれいに整列して，声を合わせて歌う姿を，子どもたちも食い入るように見つめ，聞き入っていました。そこで，ぜひOさんに今の気持ちを表現してほしいと思い，近づいて感想を聞くと，「上手だね」と答えました。それはとても素直な，気持ちのこもった言葉でした。合唱の後，Oさんはみんなの前でも感想を発表しました。その時のOさんはとても嬉しそうで，自信に満ちた表情でした。

　こういった集会活動で得た自信や友だちへの意識は日常生活にも広がっています。好きな活動を止められず，泣きながら着替えをしていたOさんが，時間になると友だちにも声をかけ，着替えをするようになりました。また，自分から係活動に取り組むことも増えてきました。

みんなの前で感想を発表するOさん

❷ Oさんの変化から見えてくること

　集団での活動を通して，積極的に活動できるようになり，生活が広がったOさんの変化から以下の点が大切だと考えられます。

（1）友だちどうしのかかわり合いの中で，自分の居場所を見つけること

　OさんははじめPさんとのかかわりを拠り所として司会という新しい挑戦をすることができました。そして，役割をやり遂げたことでグループや学部の集団の中に自分の居場所を見つけ，他の友だちへとかかわりを広げることができました。

（2）安心して取り組める活動を通して自信を持つこと

　「みんなで朝の会」や「なかよし集会」では，同じ活動を継続して行うことで，子どもたちが活動に見通しを持ち，楽しむことができました。そして，「ようこそ集会」でも同じ活動を取り入れることで，大きな集団でも，楽しみながら自信を持って活動することができました。

（3）教師が子どもの内面を見取り，柔軟に対応すること

　教師が，Oさんを司会に誘ったり，合唱の感想を聞いたりしたときには「Oさんは今，どう思っているかな」「Oさんにはこれをやってほしいな」という思いがありました。常に子どもの目標を考え，内面を見取りながら柔軟に対応していくことが大切です。

（小室美歌子）

コラム

文献や書籍から学ぶ教師

　特別支援教育の書籍コーナーにはたくさんの本が並んでいます。この中から自分にとって必要な文献や書籍を見つけるのも一苦労です。

　では，どのように選べばよいのでしょうか。一つ目は，「あの先生みたいな授業がしたい」と思える先生に聞いてみましょう。自分のモデルとなる教師がどのような本を読み，どのようなことを考え，実践を深めていったのかを知ることで，そこから得られるものは大きいはずです。

　2つ目は，参考文献から見つけていくことです。文献・書籍には，巻末や章の終わりに参考文献が載せられています。それは，著者が参考にした知見が書かれている文献であり，書かれたテーマを深めるための本になっています。参考文献の中に書かれている参考文献を読み，芋づる式にたどっていくことで，知りたい・読みたい・深めたいと思える本に出会うことができるでしょう。まずは，本書で気になった章の参考文献を読んでみるのはいかがでしょうか。

　次に読んだことをどのように活かせばよいのでしょうか。自分が取り組んできた授業実践を見直すことからはじめてみましょう。例えば，やってみたい生活単元学習の実践例があったとします。実態が違うため，そのまま使えることは少ないはずです。

では，どのようにすればできるのかを，実際の授業場面を想像しながら考えてみるのです。「やってみたいと思えるような見本を作ってみよう」「自分で確認できるワークシートを作ってみよう」「自分で選べるようにたくさんの材料を用意してみよう」「協力できるような場面を設定してみよう」など担当している子どもの様子を思い浮かべながら読み進めてみるとよいのではないでしょうか。

　授業理論の場合は，どのように授業を設計していたか，授業で大切にしている視点はどうだったか等，自分の授業を振り返ってみて，足りない部分はどこなのか，どうすればその理論を反映できるのかを考えてみたり，一緒に授業を行っている先生と話し合ったりすることで，理論を活かした授業づくりが進められるのではないでしょうか。

　実践例・授業理論のいずれの場合においても，①何を変えるか，②何に変えるか，③どのように変えるかといった視点で，それらの要素を取り入れられるかを考えることが必要になってきます。

　最後に，教師として，自分の実践と向き合い，深めるための一つの手段として文献や書籍から学び続ける姿勢を大事にしてほしいものです。　　（渡邉　崇）

第 5 章

子どもどうしが高まり合う学級をつくろう

V 子どもどうしが高まり合う学級をつくろう

総　説

① 障害のある子どもの居場所としての学級

　特別支援学級・学校に通う子どもたちにとって安定した生活を過ごす居場所，それが学級です。ところが，私たち教師はつい子どもたちがパニックや仲間とのトラブルを起こさずに学級に適応しているかどうかという「上からの目線」に立ちがちです。また，居場所といっても，それは新年度のはじめからすぐにできるものではなく，生活する教師と子どもたちとでじっくりとつくり上げられるものです。

　居場所は子どもたちが信頼で結ばれた安心感のある場であり，「基礎集団」と呼ばれてきました。学級が安心を実感できる集団の雰囲気（トーン）を持つこと，それが基礎集団としての居場所をつくる土台になります。学級のルールをつくる基礎として，信頼と安心のトーンをつくることが必要です。

　「朝の会」の時間は，友だちと過ごす一日の生活の流れを確かめ，これから始まる授業への意欲を高める大切な場です。〇一人ひとりに呼びかけて，その子の返事・話を受け止めながら応答する指導，〇一人の返事・話を学級のみんなにつないでいく指導が，学級に温かい雰囲気をつくり出します。もちろんそこには教師から一人ひとりの生活を把握して，「昨日は〇〇だったね」などと誘いかけてみることも必要です。

　しかし，なかなか朝の会のこうした場面に集中できない子もいます。中には一年かかって参加できるようになる子もいます。それでも温かい雰囲気の朝の会を繰り返し，参加するのを信頼して待ち，じっくりと学級を居場所にする取り組みを続けたいものです。それは単なる繰り返しに見えるようですが，子どもが居場所を実感するまで腰を据えて取り組み，少しずつ参加できるようになる過程を教師自身が楽しみにする取り組みだと考えます。

② 遊びを通して学級に居場所をつくる

　特別支援学級・学校で「遊び」は領域・教科を合わせた指導である生活単元学習や，遊びという領域別の指導で取り組まれてきました。どちらにしても遊びは仲間とともにその楽しさを感じ，学級に居場所をつくる大切な役割を持っています。

　例えばトランポリンにしても一人で揺れを感じる楽しさではなく，友だちと

ともに数をかぞえながら楽しさを共有する活動に鍵があります。ゲームなどのルールがある遊びに苦手な意識を持っている子どもたちも，支援学級での上の学年の遊び方を支えにして参加できるようになっていきます。

このように遊びを通して仲間の輪をつくる学級づくりを進めたいものです。支援学校では日々のカリキュラムに例えば「○○タイム」を設定して，分かりやすくて楽しめ，また子ども相互の応答・やりとりができ，順番を意識できるような遊びを展開することによって学級の一員であるという実感を持たせることができます。

❸ 学級に必要なルールをつくる

集団のルールは自分たちが生活をつくり，楽しむために必要なものです。そのためにどんな係や当番をつくって学級の運営をしていくのかを子どもたちとともに話し合い，決めていくことが大切です。

特別支援教育の実践史を振り返ってみると，長崎の近藤益雄が「みどり組」の掃除当番の仕方を子どもたちと話し合い，「やりたいものがする→先生も当番の一人になる→子どもたちだけで当番をやりきる」までを指導しています。当番の仕方・ルールを決める指導を通して，障害のある子どもたちに自信や誇りを育てようとしたのです。

当番・係だけではなく，支援学級や学校では「ものづくり」の活動も盛んに行われています。そこでも友だちと共同の活動を展開することによって集団のルールを身に付けていく指導の視点を持つことも大切です。「ものづくり」はさらに「○○祭り」のような行事の活動に発展し，そこでも準備の過程や当日の活動で仲間を意識しながら，自己をコントロールしていく自制心を育むことを見逃してはなりません。もちろん，ただ集団に適応するというのではなく，文化祭などの楽しみにした活動を自分たちの集団で取り組んでいるという思いを育てることが求められます。

このほかに児童会などに関連した「○○委員会」の役割を受け持った子どもがその活動を通して人との交わり方や約束を守る力を身に付ける実践も進められています。

これまで述べてきた障害のある子どもの社会的な力は，個々の指導の積み重ねがつながり，全体として少しずつ形成されていくものです。広い視野と息の長い取り組みの姿勢を持つことが大切です。

❹ 「排除されない学級」というルールづくり

特別支援教育は通常学級での障害児の指導を視野に入れて進められています。生活や学習の場面で求められる集団のルールをあたりまえのように受けとめてきた子どもたちの中で，なかなか約束などを理解できず，ルールを守れない子

どもは，迷惑な存在だと見られがちです。

　そこで大切なのは教師が，こうした子どもの味方になり，ルールを守れないからといって排除しない姿勢を学級に示すことです。もちろん，他人を傷つけたりする行為に対しての管理上必要な対応は必要です。しかし，ルールを守ろうとしても守れない子どものしんどさを学級の子どもたちにつなげていく指導を通して，「自分たちは排除されない学級にいるのだ」という広い意味でのルールを学級につくる先頭に立つ，これが教師の役割だと考えます。

　こうした安心に支えられた学級は，障害のある子どもだけではなく発達の基盤に課題のある子，そればかりか適応過剰の優等生にとっても暮らしやすい集団だと言えます。「排除されない学級」をつくるには，例えば朝の会や学級会などで互いの願いや思いが出せる場を共有することが必要です。

　理屈では理解できても日々トラブルを起こしたりする障害のある子どもを気持ちのうえで理解し，受けとめることはなかなかできるものではありません。そこで大切なのは，理解しようと接している気持ちを出し合い，また障害のある子も自分の気持ちを表明する場をつくり続けることです。それは，こうした場の共有を通して，その場を支えにしてしだいに仲間であるという意識が育つのを期待するからです。

⑤ 異質・共同の学級づくり

　通常の学級で障害児が適応できるにはルールに従うためのスキルを身に付けることが必要です。しかし，私たちは早く適応できるためにスキルの訓練に追い込むような指導についつい陥りがちです。

　支援学級・学校のところでも述べたような障害児が学級に出番となる活動をどう展開するか，それを通して人との交わりのルールやスキルを指導していく視点がポイントです。小学校などでは学級内のクラブ活動を通して出番をつくる指導が多く試みられてきています。障害児の得意で個性的な活動の場は，その子の持っている力を発揮できる絶好の機会でもあり，また同時に周りの子どたちも同等に楽しめる時間となります。それは，自分たちとは「異質」だと思ってきた障害児への見方を転換し，楽しい活動への願いを持つ同等の存在として理解し，接する契機をつくることになります。

　しかし，こうした視点はまた同時に「同質・同等」という理解の仕方に陥ることにも留意しなくてはなりません。発達障害のある子どもの要求に根ざした活動は，学級の仲間にとっても取り組みがいのある活動です。だからこそ，障害のある子どもの困難さ（ある意味で異質さ）に目を向けて，必要な援助や励ましを送ることに意識を向ける子どもを育てながら，学級に楽しい活動を展開する「異質・同等」の関係をつくりだす視点を持つことが必要です。

　学級づくりは，困難な課題を持つ子どもを集団に「同化」させることを目的

に，学級のルールに従わせることを目的にするのではありません。今日では，発達障害のある子どもの特別な支援の場としての通級指導教室の役割や支援学級・保健室の役割が注目されています。

　こうした場での生活と通常学級の生活を行き来するルールをどうつくるかも，これからの実践課題です。それは「特別」なルールであるだけに，学級の子どもとの話し合いの過程が不可欠ですし，学校の教職員や保護者との合意をつくる丁寧な過程がなければつくりだすことはできません。

　学級づくりの実践は，特別活動などの場とともに毎日の授業づくりを通した学習集団の形成を課題にしています。発達障害のある子どもが授業に参加できる場づくりと，それに必要な特別な支援の工夫などが取り組まれてきました。教科ごとに必要とされる「特別」な支援をどう入れていくのか，また理解の仕方や表現の仕方に差が出てくる授業の場で学習をどう展開していくのかなど，学習集団をつくる指導論の解明がこれからますます必要になってきます。初等教育段階の授業づくりとともに，中等教育や青年期における授業と学びの場をどうつくるのか，進路選択ともかかわっていっそう集中した研究と実践の試みが必要です。

　　　　　　　　　　　　　　　　　　　　　　　　　　（湯浅恭正）

V　子どもどうしが高まり合う学級をつくろう

1　良さを認め合える学級をつくる

1　その子どもの良さを引き出し，みんなで認め合う

　裕之（小学校低学年）は，授業中，自分の知っていることをどんどん喋り出し，その場の雰囲気が読めない子どもでした。漢字の時間には，習った漢字の四字熟語を次々と発表していました。ある日，漢字の復習プリントをしているとき，裕之は誰よりも早く正確にプリントを仕上げることができました。そこで，私は，「裕之，分からない人に教えてあげて。みんなも一通りやってみて分からない漢字があったら，裕之に教えてもらって」と言いました。子どもたちの「裕之，教えて」の言葉に，彼は友だちにていねいに教えてあげていました。そのうちに，ほかの子どもたちもでき始め，子どもどうしが教え始めました。子どもどうしが教え合う姿は，なんとも微笑ましいものです。ある子が，「裕之って，漢字博士やなあ」と言うので，私は，「ほんまやなあ」と相づちをうって，「裕之って，歩く百科事典みたいやね」と言いました。すると，彼のことをいつも見守ってくれている美穂が，ニコッと笑いながら，「よく喋る百科事典やわ」と言うのです。それを聞いていた子どもたちも，「ほんま，よう喋る百科事典やわ」とか「役に立つ百科事典やなあ」と言い合っているのでした。裕之をあたたかく受けとめてくれている学級集団の育ちを感じるのでした。

　亮太（高学年）は，すぐに友だちを叩いたり蹴ったり，友だちにちょっかいをかけたりする子どもでした。授業中も落ち着かず，よく喋ったり，時々離席したりしていました。その亮太は，声が大きくて歌も上手でした。学習発表会の劇の練習に取り組んでいた時に，亮太はとても大きな声で台詞を言うことができていました。友だちどうしでお互いの演技について意見交換をしていた時に，「亮太は大きな声が出ていてすごくうまい。動作も恥ずかしがらずにやっていていいと思う」と友だちに言ってもらいました。ほめられることの少ない亮太がみんなの前で認めてもらえて，嬉しかったことでしょうし，自信につながったことと思います。本番でも，とても大きな声でうまく台詞を言うことができました。

2　学級の楽しい行事をたくさん行い，そこで出番をつくる

　子どもたちにとって学級は楽しい所であってほしいと思います。いろいろな行事を子どもたちみんなで計画を立て，役割を担うようにしています。お誕生日会やクラスでいろいろなことを競い合う学級オリンピック，学習発表会の成

▷1　生活綴方教育は，戦前から実践・研究を積み重ねてきている，歴史ある教育である。子どもたちが自分の身の周りの出来事や思いを，見たまま，感じたまま，ありのままに書く。うまく書くことに重点を置くのではなく，自分の書きたい生活や気持ちを書くという自己表現である。そのためには，書きたくなるよう

功を祝う会，クリスマス会などをしています。

憲明（低学年）は，身の周りに物がいっぱい落ちていたり，提出物が出せなかったり，時々友だちを叩いたりする子どもでしたが，よく手を挙げて発表し，やる気満々でパワフルな子どもでした。お誕生日会では，「終わりの言葉」を言うことになりました。もう一人の友だちと私と一緒に言葉を考えて練習し，当日は大きな声でしっかりと言うことができました。出番があって生き生きしていました。

晃（低学年）は，医療機関で高機能自閉症と診断されていた子どもで，こだわりがきつくて場面の切り替えもなかなかうまくいかない子どもでした。クリスマス会の時の出し物で，サンタさんがプレゼントを届けるという物語を友だちと一緒に考えて，晃はトナカイの役で劇をしました。自分たちで作ったトナカイの角を付けて，その日は楽しそうに演じていました。普段の授業では，ゆっくりで，特に国語では，登場人物の気持ちや感想文が書けなくてじっとしていることの多い晃ですが，この時は，出し物を披露するという出番があって彼は生き生きすることができたのです。

❸ みんなで作文を読み合う中で，自信をつけ，認められる

国語の時間に生活綴方の授業を行っています。自分の暮らしを見つめることで，自分の身の周りの生活から題材を見つけて書きます。うまく書くという技術指導ではなくありのままに書くのです。友だちの作文をプリントにして読み合います。質問して作文の作者がそれに答えたり，いいなあと思ったことや感想を言ったりします。お互いの作文を読み合うことで，より深くその子どものことを理解でき仲良くなってきます。

美樹（低学年）は，数の量的な把握が不十分で十進数の構造が理解しにくい算数の苦手な子どもでした。いろいろなことに自信が持てないでいましたが，作文を書くことは大好きで，作文の授業では，友だちの意見を聞く中で，「○○さんのこんな気持ちが伝わってきます」といった意見を発表できるようになってきていました。美樹がおじいちゃんにクリスマスプレゼントに洋服を買ってもらったことを書いた作文を授業で読み合いました。みんなから，「様子や気持ちがよく分かるよ」といった感想を言ってもらいました。「私の作文が今日の授業でつかわれた」とその日，家に帰るなりお母さんに伝えたのでしょう。翌日，お母さんから，「今日のわが家の一大ニュースは，美樹の作文が授業につかわれて，学級通信にも載ったことです」というお便りが届きました。この作文はおじいちゃんの家にも送ったそうです。美樹は，作文の授業で発表できるようになったことや自分の作文が授業で取り上げられたことが自信につながっていきました。

（星野優子）

な生活を耕していくことも大切である。

子どもの書いた綴方を学級の子どもたちと読み合う（友だちが質問して，書いた子どもが答えたり，意見や感想を言ったりする）中で，書いた子どもの生活や気持ちを教師も学級の子どもたちも，より深く知ることができる。そうした積み重ねの中で，学級の子どもたちどうしが互いによく知り合い仲良くなりつながり合っていける。そして，やさしくほっこりとした学級集団をつくっていける。また，友だちの綴方を読み合えるためには，その土壌としての受けとめていけるあたたかい学級集団をつくっていかなければならないという相互の関係がある。

▷2　学級通信は，教師が保護者に伝えたいことや，今学習している内容やその時の子どもの発言内容，流行っている遊び，エピソード等，学級の子どもたちの様子等をタイムリーに書いて，保護者に伝えていくもの。また，子どもたちの書いた作文や詩，観察カード（絵は縮小コピーして載せる），国語の授業での登場人物の気持ちや感想文，授業参観や行事等の後に保護者に書いてもらった感想，夏休みに親子でがんばったことやわが子がきらりと輝いていたこと等，様々な子どものことや教師，保護者の思いを載せることができる。この学級通信を毎朝，子どもたちと一緒に読み合うことで，子どもも教師もやさしい気持ちで一日を始めることができる。教師と子どもと保護者をつないでくれるお便りである。

V　子どもどうしが高まり合う学級をつくろう

② 失敗や困難を学級全体で乗り越える

　　40人近い子どもたちが学ぶ通常学級には、発達障害など特別なニーズのある子どもや、交流に来る特別支援学級の子どももいます。こうした子どもたちも受け止められる学級集団はどう育っていくのかを、考えたいと思います。

❶ 以前担任した子どもたちの取り組みから学ぶ

（1）よりよい班を自分たちで考える

　　5年生の林間学校に向けて、活動班を決めるときのことでした。一人ひとりが誰といっしょになりたいかを紙に書き、全員の希望にある程度沿うようにと考えました。班決め委員になった直哉ともう一人と私とで、何度も集まりました。はじめ直哉は、自分がいっしょになりたい子と組んで、あとの班を考えていたので、手詰まりになりました。「班決め委員は、まずみんなの希望を考えないと。」と私が助言して、やっとまとまりました。ところが、「先生、今度はおれのなりたい子がおれへん。」直哉の希望が、入っていない状態になっていました。最後に微調整をして、仕上がりました。

　　直哉はこの作業の感想にこう書きました。「人のことも考えながら、自分のことも考えるということがしんどかった。」自分と他者の思いを考えることの大切さを実感したようでした。

　　こうして6年生になると、子どもたちは教室の席替えも自分たちで決めるようになりました。特別支援学級の智子などの配慮の必要な子は、気にかけてくれる班長が同じ班にするようになりました。いじわるを言ったりいたずらをしたりする子から、みんなで守ってくれるようになっていきました。

（2）なかなかグループが決まらないお別れ遠足

　　ところが、卒業前のお別れ遠足では、智子をめぐってグループが決まらずにいました。いっしょになってもいいのだけれど、なかなかそう言い出せない子どもたちでした。

　　そこで、私は子どもたちにこんなことを話しました。5年生でした劇では、出番になって手間取っている智子を、近くにいた子どもたちが手伝ってくれたこと。6年生の運動会の組立体操の練習では、私たち担任が付けないときでも、近くの女の子たちが一生懸命智子を支えてくれていたこと。家庭科の調理実習では、ちゃんと智子の出番をつくってくれていたこと。それまでのように、智子に表立ってやさしくしたり、いっしょに遊んだりするのではないけれど、実

は多くの子たちが智子のことを気にかけてくれていたことがうれしいこと。弱い立場の人のことを考える社会はみんなのことも考えられるよい社会，歴史を振り返ると，これが今の人間社会の到達点。今の学級は，これに近づいているように思うこと。

放課後に班長を集めて最後の相談をしていると，孝輔が言いました。「うちのグループに来たらいいと思う。」あとでくわしく聞いてみると，「全体を見ると，しっかりしてやさしい子もいるから，一番よさそう」ということでした。

② 思いや気持ちを受け止める

直哉も孝輔も，私は手を焼いていたやんちゃな子たちでした。5年生の2学期の体育で，とび箱をしていたときのこと。直哉と孝輔はやる気なく不真面目だったので，私に怒られました。体育が得意で好きな二人なのに，何かあるのかもしれないと思い，あとで話を聞いてみました。「先生が2学期の体育はボールやるって言うたやんか」と孝輔。そういえば，2学期はボールを使うと私が予告したのでした。「ひょっとして先生がそう言ったのを覚えていて，いつまでたってもボールしないから，嫌になったんかい。」「うん。」「適当なこと言うたわけじゃないんやけど。ごめんやで。」二人は目に涙を浮かべていました。

直哉や孝輔の思いが分かったからこそ，私との信頼関係が深まりました。今，厳しい指導で規律意識を付けさせることが，よく言われますが，そうではなくて，私は，子どもの行動のうらにある思いや気持ちやねがいを受け止めることを，大事にしたいと思っています。思いや気持ちを受け止めてもらうことで，子どもは大事にされていることを実感できるのです。

③ どの子も大事にされる学級の中で，学級集団が育つ

さて，お別れ遠足のころの智子はというと，なかなか学校に来にくい状況でした。できないことや分からないことが分かってきて，自信がなくなっていたからです。発達したからこその新たな矛盾を抱えていたのでした。子どもたちにもそう伝えると，「智ちゃんが6年生の教室に来ないのは，嫌なことを言う子がいるからだと思ってたけど，そうじゃないことが分かってよかった。」子どもたちは，自分たちのせいだと思っていたのでした。確かにいじわるを言う子もいましたが，私は，少なくない子どもたちが智子のことを気にかけてくれていたことを評価し，そして障害者問題や社会福祉の歴史と照らし合わせて意味付けたいとも思いました。子どもたちは，自分たちのことが認められて，うれしかったし自信が持てたようでした。

思いや気持ちを受け止めてもらえる関係の中で，直哉や孝輔をはじめ，どの子も自分が大事にされていると思えたからこそ，智子のことも受け止められる，失敗や困難を乗り越えられる学級集団が育ったのだと思います。（高橋翔吾）

Ⅴ 子どもどうしが高まり合う学級をつくろう

3 対立する意見をどのように調整するか

1 対立したときに見える子どもの願い

　子どもはどのようなときに対立するのでしょうか。例えば，小学校であれば，1～2時間という限られた時間でのお楽しみ会で何をしようか，「サッカーがいい」「クイズ大会」「お笑い大会」「劇」といろいろな意見が出てくるでしょう。中学校であれば，例えば，体育祭に向けて，クラス練習をいつ／どのように行うか，といったときに意見が対立するかと思います。

　このように具体的な場面を考えていくと，子どもの対立が起こるときとはどのようなときと言えるでしょうか。それは，子どもが積極的に学校生活に関して活動をしようとしているときと言えます。だから，学校の中で対立が起こるということは本来良いことなのです。子どもたち一人ひとりが自分の学校生活に主体的にかかわりたいと思っていることから起こることなのですから。

　子どもの対立は，一人ひとりが学級や学校の中で気持ち良く楽しく過ごしたいという強い思いから引き起こされる，という理解を，教師は是非ともしておく必要があります。

2 調整方法に指導のねらいを込める

　子どもの意見が対立したときに，教師はどのように調整すれば良いでしょうか。多数決で決めるのでしょうか，じゃんけんやくじ引きといった運任せにするのでしょうか，それとも子どもにプレゼンテーションをさせてみるとよいのでしょうか。

　意見が対立したときにどのように調整するのか，その方法を指定することは子どもの育ちに影響を与えます。

　例えばじゃんけんやくじ引きを使って物事を決定していくとします。そうすると子どもたちはどのような考え方や行動を身に付けていくでしょうか。運任せにすることによって他の人と平等に扱われているという感覚を身に付けるかもしれません。しかし，「どうせ運で決まるなら，自分の思いを理解してもらえなくてもいいや」とコミュニケーションをあきらめるようになり，「お互いの考えを理解し合うのが面倒だから，常に運任せがいい」と考えるようになるかもしれません。

　多数決ではどうでしょうか。自分の考えを理解してくれる人を増やそうと熱

心に活動する子どもが増えるかもしれません。しかしながら教師のフォローが十分でなければ,「どうせ私はいつも他の人から理解されない」との思いを強くし,集団に交わることを拒否する子どもが出てくるかもしれません。

　プレゼンテーションではどうでしょうか。もしそれが教師の指導なく,単なる発表会で終わるのであれば,言語能力の高い子どもや合理的思考の得意な子どもに圧倒的有利な調整方法となり,話すことが苦手な子どもなどは「学校に積極的にかかわりたい」という気持ちを失っていくことでしょう。

　対立する意見の調整方法を決めるときに大事なことは,教師がどのような子どもを育てたいのかということ,さらに進んで,子どもたちが交わり合うことで,どのような社会をつくりたいのかをはっきりさせておくことです。そうすると,対立する意見を調整するときのポイントが自然と見えてくるはずです。

❸ 思いを充分語る場をつくる

　教師が子どもの意見の対立を調整するときに大切にしてほしいことは,子どもに存分に思いを語ってもらう場を用意することです。子どもの中には自分が持っている思いを充分に語ることのできない子どもがいます。そのような子どもの思いを教師はうけとめ,子どもが学校生活に対して持っている夢を魅力的に語る手伝いをしてほしいと思います。

　そして,対立する意見の調整の結果,意見が活用されなかった子どもと他の子どもとつながりをつくることを意識してください。それは,学校生活に対する願いに共感できる子どものつながり,同じ方向で一緒に夢を語る子どものつながりをつくることです。自分の思いを理解しともに語ってくれる友人がいることは,子どもに居場所を実感させ,大きな力を与えます。そのために,教師は対立する意見を調整しながら,どの子とどの子がつながる可能性を持っているのか常に観察しておくことが大切です。

　　　　　　　　　　　　　　　　　　　　　　　　　（上森さくら）

Ⅴ 子どもどうしが高まり合う学級をつくろう

4 子どもたちの世界をつなぎ、融合するのが学級づくり

1 仲間の中でこそ人間らしい育ちを

「個別の教育支援計画」「個別の指導計画」をどこの学校でも作っていることでしょう。この「個別」という言葉に重点がいき、一人ひとりの子どもたちを個別に学習させることが中心になっていないでしょうか。支援学級は、障害も発達段階も違う子どもたちの集団です。同じことをしようとしてもなかなかできず、つい個別の学習になってしまうのが現実なのかもしれません。

また、この「計画」にしばられて、「させること」が中心になっていないでしょうか。子どもたちは、一人で生活しているわけではありません。支援学級という仲間の中で、一喜一憂しながら生活しています。だから、子どもたちの世界をつなぐことで、人間らしい心を育てていくことが大切になります。

2 楽しさを共有する中で生まれる連帯感

朝、教室に行くと子どもたちがだれもいません。「おかしいなあ。2人ともどこいったんやろう」というと、リョウタ君とイクマ君が物陰から跳び出してきました。先生から隠れる楽しさを2人が共有しているのです。そんな2人を見ていると、彼らはもっと心をつないでいくことができると感じました。

すると、もっと楽しく隠れる場所があったっていいじゃないかと思えてきたのです。そこで、隠れる場所（段ボールの基地）づくりをすることになりました。こうした計画と準備は、教師の仕事です。作った「基地」は「イクマ隊長の家」と名付けられました。リョウタ君6年、イクマ君2年の春のことです。

あるとき、イクマ君がこの「家」を破壊します。翌日になっても怒りが治まらない自閉症のリョウタ君は、「きのうね。イクマ君、イクマ怪獣なって、家つぶしちゃった。このぉ〜イクマ君、バカヤロウ！」と叫びます。自分の気持ちをぶつけることができる相手の誕生です。かくれんぼを通して2人は大の仲良しになり、競い合うようにいろんな力を自らのものにしていきました。[1]

3 仲間から必要とされていると実感できるからがんばれる

LDなどの発達障害と言われる子どもたちの学級を受け持っていたときのことです。書いてある言葉にとらわれてしまう子どもたちとの国語の学習。みんなで、登場人物の台詞を考えることになりました。題材は「ぞうくんのさん

▷ 1 詳細は熊本勝重（2012）『読みとけば見えてくる自閉症児の心と発達』クリエイツかもがわ。

ぽ」（なかのひろたか，福音館書店，1968年）です。

　台詞を発表する紙芝居をする公開授業の当日，熱で朝からお休みのナオト君（5年生）。残りの3人は，「どうしよう？」と不安いっぱいになります。シオリさんは「ワニ（ナオト君の役）しようか」と言ってくれます。ナオト君は，解熱剤を飲み，「先生に恥かかしたらあかんで」とお母さんに送り出され，昼前にやってきました。みんなは，ほっとします。りっぱにやり遂げて家に帰ったナオト君は，「（先生に）恥かかさんようにがんばってきた」とお母さんに報告しました。

　自分の活躍できるところが分かり，みんなの中での自分の必要性，役割が感じ取れるから彼はがんばって学校に来ることができたのです。子どもたち一人ひとりに活躍できる場面を用意し，仲間から必要とされている自分を感じ取っていけるようにしていくことはとても重要です。学級づくりの重点と言えます。

　こうしてお互いを認め合い，仲間の中で活躍する自分に満更でもないと思えるようになってくる中で，学校は怖い所とさえ思っていたLDのシオリさんは心を解きほぐしていきます。大暴れ，小暴れを起こしてしまう6年生のケンタ君のことを「お父さんみたい。怒ったら怖いけど，いつもは優しい」と紹介してくれます。学級の仲間は「家族みたいやから」安心できるというのです。

❹ 子どもたちの心と世界をつなぎ合わせるから優しさが生まれる

　市の支援学級合同遠足でナツキ君が他校児童と少しトラブルを起こします。翌日，様子をケンタ君に聞くと「今，言われへん。明日」と話してくれません。その翌日，他に誰もいない中で聞くと，「ナツキ，よその子に『デブ，はよ行け』言われてん。我慢したけど，何度も『デブ，はよ行け』とか『ぐずぐずすんな』言われてん。それで我慢でけへんようなって，押してん」という答えが返ってきました。「みんなの前で，ナツキがデブとか言われたこと話したらあかんと思ったから，昨日言えへんかったんやなあ」と言うと，「うん」と言いつつ，「いや，眠たかっただけや」と言うケンタ君。友だちの嫌な気持ちが分かるから，みんなの前では言いたくなかったケンタ君は，「ナツキがかわいそうや」とも言っていました。何と優しい子どもたちでしょう。

　支援学級というところは，子どもたちの心と世界をつなぎ合わせていくところです。そのためには，子どもたちの行動に目を凝らし，その言葉に耳を傾けなければなりません。そこから読みとった子どもの願いをつなぎ合わせていくことが学級づくりの基本だと言えます。同時に，子どもたちが学級の一員なんだという実感を持ち，「私たちの学級」という誇りを持って生活していくことも大事です。そんな学級の中でこそ，友だちの気持ちに寄り添い，思いやることができるようになっていくのだと思います。

（熊本勝重）

Ⅴ　子どもどうしが高まり合う学級をつくろう

5　やりたいことを共有し，「ごめんなさい」と言える力を育てる学級づくり

１　「まんざらでもない自分」を見つける

　「いつもやりたいことをさせてもらえない」「どうせ，私なんて」――「こゆき」の口から，出てくる言葉は，自分を否定する悲しみにあふれた言葉ばかりでした。私は，彼女に，「楽しかった」「私はこんなことをがんばった」と，楽しい経験と，がんばった自分を１つでも心の財産にして，「まんざらでもない自分」を，自分自身に贈り，卒業してほしいと願いました。

　「なかよし学級」は20人。男子が多く，女子は少人数。しかも障害も発達もバラバラ。一緒にままごと遊びをしてくれる子は年下の男の子。しかし，彼らは自分の思いを押し付けてくるこゆきの誘いに「イヤ」と言うようになりました。「裏切り者」とののしるばかりのこゆきでした。４年生の劇では，当日になって主役を放って通常学級に参加したこともありました。今，こゆきは６年生。彼女にとって小学校生活最後の年に，初めてなかよし学級で，自分のやりたいことを，一緒にしてくれる友だちグループができたのです。

２　居場所を求める子どもたち

　みき（１年）が入学。通常学級で，まわりの子どもたちとのちがいや担任の意図を感じるけれども，応えられない，できない自分を感じ，「しんどい」「（４年生の）クラス，イヤ」と「なかよし学級」への登校となったけい（４年生）。みずほ（３年生）も，まわりの子とのちがいが分かり，言葉で自分の思いを表現しにくい自分との葛藤の中で，居場所を，なかよし学級に求めてきました。

　「私も，しんどい」「～が，分からないねん」「先生，どうしたらいい？」ようやく自分の思いを言葉にして，教師に援助を求めてきたみずほでした。

　なかよし学級では，毎年６月の土曜参観で，劇の発表をしています。今年の劇は，「14ひきのとんぼいけ」。４人の女の子は，14ひきのねずみの中の女の子役に，立候補。とんぼ池の周りのお花畑を作り，大好きな歌のグループをイメージして衣裳作り。女の子グループとしてイメージを共有し，役作りに参加。得意技披露では，みき，けい，こゆきで，好きな歌に合わせて，バトンダンスを披露。彼女にとって，初めて自分のやりたいことを，一緒に楽しんでくれた友だちとの取り組みでした。

③ 一緒にしようとする思いを育てる

　プール，運動会の練習。子どもたちにとっては，決して楽しいだけの行事ではなく，暑くてもしんどくっても，イヤだけれども，通常学級の友だちとがんばらなくてはいけない季節。こゆきにとって，この試練を乗りきるためには，楽しみが必要でした。それは，10月末のハロウィンパーティー。自分たちで，なかよし学級の取り組みとして企画したい。でも，男の子たちの，ひややかな目にひるんで，なかなか提案できなかったのです。私は，「ハロウィンパーティをやりたい」という思いを察して，「男子に秘密の女子会結成」を提案。ハロウィンパーティのその日まで，つぶそうとする男の子に秘密で企画する。「秘密」「女子会」このことばに，こゆきは，目を輝かしました。

　女子会に女子学生ボランティアの方々も入り，こゆき待望のハロウィンパーティーの準備をすることになったのです。「おばけは，何がいい？」の私の提案に，こゆき，みずほは，「魔女がいい！」「魔女の衣裳はこれ」と提案。けいは，「貞子がいい」「（テレビから）こう出てくる」と，実演。そして，けいはみきに，「みきちゃん，貞子しよう！」と誘いました。みきは，「みきちゃん，貞子，しない。前髪短いから」と，理由も。みきが，理由をつけて断ることができたこと。さらに，けいが，友だちに対して，一緒にしようと誘う姿を見せたこと。これらのことに，私はおどろいたのです。

　子どもたちの中に，「一緒にしよう」という思いがめばえてきていることを感じて，とてもうれしかったのです。みきに貞子役を断られたけいへ，助け舟を出したのがみずほでした。「けいちゃん，みほ先生（学生ボランティア）に，頼んだら」と。けいは，「みほ先生，けいと，貞子，してください！」と，頼むことができたのです。

④ 「ごめんなさい」を言える力が育つ

　12月のある日の5時間目，「みきちゃん，もうきらい」「パティシエごっこ待ってたのに」と，涙をこらえながら，叫ぶこゆき。みきの目は，パチクリ。なぜこゆきが自分のことをきらいというのか，何のことか，さっぱり分かりません。次の日，「みきちゃん，早く，なかよしこないかなー」と，みきを待つこゆき。こゆきは，「昨日のことは，みきちゃん，忘れてるって」と，平気な顔。「忘れてないでー」「みきちゃん，怒ってるでー」「忘れたいのは，あんた，こゆきやろう？」と，話す担任集団。しばらくすると，息切って「みきちゃん，許してくれた！」と，うれしそうに報告するこゆき。こゆきは，1年生の教室の廊下を，行ったりきたり。1年生担任の「こゆちゃん，どうしたの？」の声かけで，「みきちゃん，呼んでください」と，みきを教室の外に呼んで，あやまって，許してもらったのでした。その次の週は，なかよし学級のクリスマス

会でした。10月末のハロウィンパーティは，女の子が企画・準備，そして，このクリスマス会は，男の子が企画・準備しました。

　クリスマス会は，成功。その後，ホットケーキの材料の卵が3こ余り，企画した男の子で，目玉やきを作ることになりました。「自分も，目玉やきのお料理をしたい」「でも，今回は，男の子が中心」，このやりたいけど我慢の思いは，けいに向かって爆発。「こゆき，たたいた」「大島先生，こゆき，おこって！」と，大泣きするけいでした。ようやく卵料理に部分参加することで，気持ちがおちついてきたこゆきは，仲よしのけいを，叩いてしまったこと，泣かしてしまったことに気づきました。「私，けいちゃんに，あやまってくる」と，けいにあやまりに走ったこゆき。自分が中心となって企画し，女の子が中心として準備・運営することができたハロウィンパーティー。来てくれるかどうか心配していた男の子たちも楽しんでくれたことで，こゆきはじめ，女子会メンバーは，「楽しかった」と行事を作ることの楽しみと女子会メンバーとしてのつながりを深めることができたのです。ハロウィンパーティーの小道具は，その後，レストランごっこと，パティシエごっこに発展しました。

　自分たちで作りあげた「ごっこ」の世界。この1年間の取り組みがこゆきにとって，「ごめんなさい」を言える力につながっていったのではないかと思います。大切な友だちを失いたくない。この思いが，自分にとっての人との関係に気づく力につながったのではないかと考えるのです。　　　　　（大島悦子）

第6章

子どもに寄り添う授業を構想しよう

Ⅵ 子どもに寄り添う授業を構想しよう

総　説

1　生活の論理と文化への参加

　障害のある子どもに寄り添う授業は，当事者である子どもがモノや人に気持ちを向けて，心が動く学びをつくることです。発達に課題のある子どもに取り組んできた先人の実践から，「心が動く」ことの意義を確認したいものです。

　東井義雄の「生活の論理」はよく知られています。モリタミツという障害のある子どもは自分の名前の字に興味を示さないのですが，読み聞かせた本に出てくる「馬」という文字に心が動くことに衝撃を受けた東井は，教科の論理だけではなく，子どもがうなずき納得する生活の論理を踏まえるとき，学びが成立することを発見したのです。

　子どもに寄り添うとは，こうした生活の論理に即した指導をどう構想できるかにかかっていると考えます。

　一方，私たちは子どもの「文化の世界に参加したい」という願いに寄り添い，応えることも授業づくりとして忘れてはならないと思います。支援学校・支援学級では多く用いられている絵本教材に障害のある子どもたちが興味を示すことはよく知られています。繰り返しのおもしろさやストーリーのある世界が子どもたちを引きつけます。それは子どもたちが絵本という文化の世界を体験する学びです。劇化して体験するという意味ではなく，絵本の文化を味わい，仲間とともにその文化を共有する体験学習が，これからの授業でも重視されるべきです。

　ところが，「ことば・かず」といった学習内容が，挨拶の仕方や時や所を区別する力，買い物などの生活場面で使用できる活動に重点を置いたものになる傾向も少なくありません。もちろん生活に必要な力の育成は大切ですが，言葉という文化の世界にどう参加するのかという視点は弱くなりがちです。コミュニケーションの力を育てるという学習課題に，例えば食べ物の味を友だちに伝える学習でも，対象になる食べ物の味よりも，「好きか嫌いか」を正確に選択して相手に伝えることに重点を置いた指導も見られます。それは，五感を使いながら，食材に関心を寄せて味わう言葉の世界に誘うのではなく，伝えるスキルの指導に傾く授業です。これでは文化の世界を探究したいと願う子どもの気持ちに寄り添うことはできません。

　文化の世界は幅広く，運動文化など多くの分野の実践の蓄積を踏まえて，子

どもたちの願いに応える授業づくりが求められています。ただ，豊かな文化の世界を教材として設定しても，それに引き込む授業になったのでは，子どもの思いに寄り添うことはできません。私たち教師と子どもとがともに文化の世界を味わう共同の場として授業をつくる姿勢が必要です。

❷ 「主体を育てる授業づくり」を問い直す

　子どもに寄り添う授業の意味は，学びの主体を育てることにあります。なかなか能動的な学習活動を引き出すことが困難な障害児に対して，ともすると一方的な指示や評価が飛び交う授業になりがちです。

　こうした授業を克服するために今日では学びの環境を構造化し，学びにスムーズに入る場をつくる視点からの授業も見られるようになりました。例えば，教師の指示を聞いて活動を開始するまでの流れをシンプルにしたり，子どもの活動の動線を明確にしたり，また子どもが操作しやすいように教具を大型にするなど，学習環境を整える授業の工夫が数多く試みられています。

　学習環境の整備によるこうした授業づくりは，障害の特性とも関連し，また学習への見通しを育てるために大切な視点です。しかし，環境を整備すれば自然に子どもは見通しを持つようになるわけではありません。教師と子どもとがこうした環境の意味を共有し，納得を引き出す働きかけが前提になっているはずです。この働きかけの質にこそ，主体として学習に参加する子どもの活動を引き出す鍵があります。また活動に乗り出しながらその活動を広げたり深めたりする教師の指導を通して，主体としての学びが展開するのだと考えます。

　学習主体を育てる仕事は，環境の支援という単純なものではなく，常に教師との相互作用・相互応答を通して進められるものです。教育の世界では今，成果（エビデンス）の保障が課題として取り上げられています。主体形成という息の長く，またその成長を見取る「過程」が問われる仕事において，すぐに成果を計ることができる項目でチェックして評価する傾向もあるのではないでしょうか。寄り添い主体を育てる授業とは何かを改めて問い直すことが必要になっています。

❸ 子どもの目線で働きかける授業

　寄り添う授業づくりが特に求められるのは，重い障害のある子どもの指導です。「見る・聞く・話す」「運動」等の領域で教材に気持ちを向けて思いを表現する活動も，教師が子どもたちの気持ちを代弁する形で共同して展開する授業が多く見られます。そこに求められるのが寄り添う姿勢です。

　そのためには，日常的に担当している子どもの表出に何が示されているかに徹底して寄り添う観察の力が必要です。一見主観的に見える代弁ですが，表出の中に的確にその子の思いを見取る冷静な目がなくてはなりません。また，代

弁は一方的なものではなく，子どもの表出を待って働きかける「間」をつくり出す共同の関係によって子どもたちの満足感に結びつくものです。

この他に，授業のリズムに乗り出すための「間」をとる指導，また活動を終えてすぐに評価するのではなく，「間」をとって子どもの気持ちが出てきたところで評価を入れるなどの指導も大切です。また，子ども目線で働きかける位置の取り方，複数教師による授業展開で，特にサブの教師が子どもの近くにいて気持ちに寄り添いながら，メインの教師につなげていく指導など，授業という空間を子どもの目線でデザインする視点を持つことが寄り添う授業づくりのポイントです。サブの教師・メインの教師と述べましたが，主・副という位置ではなく，ともに授業をつくるために重要な役割を果たす共同的な教師集団でなければ，子どもの目線に寄り添う柔軟な指導性を発揮することはできません。

④ 自分づくりを励ます学びのシステムづくり

寄り添う授業は，子ども自身が自分と向き合い，自分づくりの過程にチャレンジする力を育てることを目指すものです。特別支援教育も指導領域は教科や自立活動，生活単元学習，特別活動のように構成されていますが，個々の指導がつながりを持ち，トータルに子どもの自分づくりを促す学びのシステムになっているかどうかが大切です。

絵本の教材で学んだことが生活単元の場で活かされ，また発表会等の行事につながるような学びのシステムに支えられて子どもたちは，自分の中に育ちつつある力を意識し，新たな世界に向かう意欲を持つことができるのです。そこには自分づくりを励まし，応答してくれる仲間の存在が不可欠です。

もちろん自分づくりには，③で述べた障害の重い子どもたちにとっては自我形成の課題を丁寧に追究する授業が必要です。一方，支援学級等では，言葉や表現の指導とともに社会につながる自分をつくり，励ます授業を構想することにも留意したいと思います。働くことや余暇の時間の利用など，社会参加の当事者としての自分をつくる授業づくりの内容と方法の開発が求められています。ここでも例えば中学生では，社会科などの教科の指導と，研究したことを発表するといった特別活動での指導とが関連を持つカリキュラムづくりなどの視点が必要になります。

⑤ 特別なニーズに寄り添う通常学級の授業づくり

寄り添う授業づくりは，特別支援学級・学校とともに，通常学級の特別なニーズのある子どもの授業指導にも求められる課題です。

はじめに「生活の論理」に注目する意味を述べましたが，教師は「標準の学力・授業」に届こうと思ってもなかなかついていけない特別なニーズのある子どもの揺れる気持ち＝生活の論理を理解し，支える姿勢が必要です。また学習

の見通しを持つための環境的な支援も，通常学級においても寄り添う授業実践の課題ですが，ここでも一方的に支援するのではなく，当事者自らが支援への要求を教師や周りの子どもに出せる授業空間をどうつくるかが課題です。

　こうした支援とともに，個性的な考え方や得意な身体表現など，特別なニーズのある子どもの出番のある授業をつくりだし，ともに学ぶ場を構成することにも留意したいものです。

　さらにニーズによっては通常の学級から離れた通級指導の場の学習を保障しなくてはなりません。しかし，そこでも学級と離れてはいても，自己の存在を肯定し，自分の課題に取り組むことを支える学級の仲間との関係づくりを進めなくてはなりません。こうした共同の関係に支えられた学びの場づくりが真に特別なニーズのある子どもに寄り添う授業実践になるのだと考えます。

　特別なニーズのある子どもに寄り添うことに視点を置いた通常学級の授業づくりは，教師にとっても授業とは何かを自分に問いかけ，学ぶ必要性を自覚する大切な契機です。こうした広い視野に立って通常学級の授業を組み立てていくことが求められているのだと思います。

（湯浅恭正）

Ⅵ 子どもに寄り添う授業を構想しよう

1 スキルの指導ではなく，子どもと対話する授業

❶ スキルの指導に陥る教師のメンタリティとは？

　私たち教師は，様々な教育活動を通して子どもたちに自立の力を付けようと日々の実践に力を注いでいます。しかし，授業を振り返ってみると，自立の力を付けるためと言いながら，単なるスキルの指導——地域生活スキルの指導や適応指導に陥ってしまっていることがよくあります。このようなスキル指導に陥ってしまうのはなぜでしょうか。

（1）スキルの獲得が学習の目的になってはいないか？

　スキルの獲得は，確かに子どもたちの自立には必要不可欠なものです。しかし，活動を通して何ができるようになったのか，つまり，スキルの獲得を学習の中心的な目的にするだけで自立生活に役立つ確かなスキルが身に付くものではありません。

　スキルの指導を目的とした学習は，教師にとっては取り組みやすい学習ですが，授業の中で子どもたちが活動を楽しみ，人との豊かなかかわりを持ちながら，学ぶ意欲や「分かる」（腑に落ちる）ことを大切にしていかなければ，ほんとうの意味での生きて働く力となり得るスキルの獲得にはつながりません。子どもたち自身が学習課題を意識し，活動に主体的に取り組みながら「分かる」ことができる授業を通して，確かなスキルを身に付けられる実践をじっくりと積み重ねることが大切です。

（2）教師と子どもの関係を問い直してみよう

　教師は教える人で，子どもは教えられる人という関係（主体‐客体関係）が軸になる知識の伝達としての授業では，子どもたちは，学習内容が「できる」「できない」の視点で評価されることになります。このような学習が繰り返されれば，私たち教師は，知的障害のある子どもたちの知的発達には限界があるのだと思い込み，必然的に学習内容は分かりやすいスキルの獲得に傾き，適応主義的な指導に陥ってしまいます。

　学習が単なる知識の伝達ではなく，子どもが主体的に取り組み，学ぶ楽しさや新しい学びへの意欲を獲得できる場となるためには，教師と子どもがともに学びを共有できる関係（主体‐主体関係）をつくることが大切だと思います。そのような関係の中では，学習内容が「できる」だけではなく，新しい課題に向かおうとする力や，学習や生活の中で生かせる発展的な力を育てることが可能

になると思います。知的障害のある子どもたちの実態に応じたでき方を評価する姿勢を持つことによって，子どもと教師とがともに学習内容に向かう共同の関係（三体 - 主体関係）をつくりだすことができるのです。

❷ 子どもと対話しながらつくり上げる授業とは

スキルの指導に陥らず，子どもと対話できる授業を構想するためには，以下の5つの視点がポイントです。

（1）教材との出会いを工夫する

子どもと教材をどのような形で出会わせればよいのか，授業づくりでは特に留意したいことです。教師の教えたいことが子どもたちの学びたいことに変化することが大切だからです。そのためには，子どもの生活実態を把握し，これなら出会えると思えそうな教材化に取り組んでみましょう。

（2）子どもの意識の流れを大切にした学習活動を構想する

学習課題に気づき（「え〜？」），考え（「やってみよう！」），つかむ（「分かった！！」）という風に，子どもたちの意識の流れが自然につながり，つぶやきが聞こえてくるような学習活動を工夫することもポイントです。

（3）想定外の反応にも臨機応変に対応できる柔軟さを持つ

十分な実態把握にもとづいて授業計画を立てていても，授業が始まると子どもたちは予想外の反応や行動を見せるものです。想定外の反応を受け止めて，臨機応変に対応（学習展開を軌道修正）できる柔軟さを持ち合わせていれば，子どもの気持ちに寄り添いながらともに学び合う，対話のある授業づくりが可能になります。

（4）子どもの心を揺さぶる学習過程の工夫

授業は分かりやすいだけでいいのでしょうか？ つまずきや疑問が子どもたちの考える力を伸ばすということを忘れてはなりません。考える力は，学習の成果を生活の中に生かす力だからです。「え〜？」「なぜ〜？」といった，子どもたちの心を揺さぶるような問いかけや活動を学習過程に組み込む授業づくりを大切にしたいものです。

（5）学習意欲を高める評価の工夫

子どもたちが主体的に取り組もうとする姿を引き出すためには，教師の適切な評価活動が大切です。子どもの発言や行動の良さを即時に評価したり，「う〜ん，むずかしいねえ」などと，子どもとともに立ち止まって考えてみたりする対話の関係をつくることが必要です。障害のある子が自分の力で壁を越えていくための支援としての評価を工夫していくことは，学習への意欲を喚起し，教師とともに学ぶ授業への構えをつくるきっかけになる鍵だと思います。

（高井和美）

参考文献

赤木和重（2010）「教師と子どもの関係性を変える『ピンポン先生』」村上公也・赤木和重編著『キミヤーズの教材・教具』クリエイツかもがわ，95-97頁．

久田敏彦（1998）「コミュニケーションとしての『学びと教え』」メトーデ研究会　子安潤・久田敏彦・船越勝編著『学びのディスコース：共同創造の授業を求めて』八千代出版，187-210頁．

船越勝（1998）「子どもの権利としての参加と学びの転換」メトーデ研究会，子安潤・久田敏彦・船越勝編著『学びのディスコース：共同創造の授業を求めて』八千代出版，211-232頁．

Ⅵ　子どもに寄り添う授業を構想しよう

2　授業中の思いがけない「子どもの姿」を大切にする

1　疑問に答えるために，実際に見たり経験したりする

　和夫（小学校低学年）は，医療機関で広汎性発達障害と診断されていました。生活科で稲の育ちの学習をするときに，「田んぼって何？」「稲って何？」と立て続けに質問していました。いくら口で説明しても絵で描いても分からないので，近くの農家に実際に田んぼを見せてもらいに行きました。何度か見学に行って，稲がだんだん成長していく様子を目の当たりにできて，彼は田んぼや稲が何かということを，実際に見ることで理解できました。観察カードにもしっかりとその時見た稲の育ちの様子を絵や言葉でかいたりしました。また，秋には実際に鎌で稲刈りを体験させてもらうことができました。抽象的な思考の苦手な和夫にとっては，目の前にないものは実際に見たり体験したりすることで理解が深まっていきました。

2　つぶやきを受けとめ，ほめる

　智輝（小学校低学年）は，算数の長さの学習の時に，「筆箱の縦の長さをものさしで測りましょう」という課題を出した時に，しばらくして，ひとりごとのようにして「ぼくの筆箱は角っこが丸くなっているからどこから測ったらいいのか分からないんだよな」と言ったのです。彼のその言葉で，私は，そうか，子どもたちの筆箱って角っこが少し丸みを帯びているのだと思い，筆箱の一番端ではなく，真ん中の所で縦の長さを測るように，黒板に絵を描いて説明することができました。「智輝君，いいことに気がついてくれてありがとう」と彼をほめました。彼のように悩んでいた子どもがきっといたことでしょう。彼のつぶやきのおかげで正しく測ることができました。

　雄司（小学校低学年）は，その場の雰囲気や相手の気持ち，意図が読めない子でした。自分の言いたいことだけ言ったら相手の反応を確かめもしないで去っていくのでした。算数の時間にテストをしていて，問題の意味が分かりにくくて私のところに聞きに来たのですが，私の説明することの意味も彼には分かりにくかったようで，最後には「先生の説明の仕方が悪いから分かりません」と言うような子でした。習字の時間に大きな半紙に「正月」と書いて，その周りに墨でお正月にちなんだコマ等の絵を小筆で描くことにしました。子どもたちに字と絵のバランスよく考えて，「バランスよくかくのよ」と言いました。

しばらくすると，雄司の隣の席の子どもが，「先生，雄司君，バランスよくかけてへん」と言うのです。見に行くと確かに隅っこの方に小さく「正月」という字が書かれていました。すると，彼は「ぼく，バランス良くの意味がよく分かりません」と言うのです。「バランスってこれのこと？」と言って，彼は両手を横にして平均台を歩くようなかっこうをして見せたり，「栄養のバランスなら分かるけど」と言ったりしてくれました。そうか，バランスという言葉にはいくつもの意味があるのだ，それを他の子どもたちは，話の流れの中で文脈に添って理解することができるのだが，彼にはそのことが難しいのだと思いました。私は申し訳なかったなという思いで，彼に具体的に，「半紙のこのあたりに『正月』ってかくといいよ」といったことを話しました。

③ 具体的な手がかりがあったり，自分が経験したりしたことはできる

靖（小学校低学年，医療機関で高機能自閉症と診断されている）は，国語の時間になると，「感想，あらへん」とか登場人物の人物像や気持ちを考えようと言うと，「そんなん，分からへん」と言って教科書に絵を描いていました。自閉症という特性もあって，登場人物の気持ちを想像したりするのは難しいのだと思います。そこで，まずは，「登場人物がどんな人なのか書かれているところを抜き出して書きましょう」という課題を与えると，抜き出して書くことができたのです。そして，人物像も「やさしい人」とか簡単なことなら書くことができました。具体的な手がかりを与えてから考えていくとできるのだと思いました。同じようにして，人物の気持ちを考えるときにも，「その人物の気持ちがよく表れているところを抜き出して書きましょう」では書けました。ただ，このときには，その人物の気持ちにまで迫ることはできませんでした。

作文があまり書けない稔（小学校低学年）が，「ひみつきち」という5〜6行の作文を書きました。「誰にも言わないのなら先生見に来ていいよ」ということで，校庭の隅っこにある彼らの秘密基地を見に行きました。彼は「ここは〇〇の部屋やで」とか「ここが畑やで」と言って棒切れで耕していました。秘密基地を作っている数人の子どもたちは皆とても楽しそうでした。稔も，書きたい生活があれば作文が書けるのだと思いました。書きたくなるような暮らしを耕すことが大切だと思いました。

(星野優子)

Ⅵ 子どもに寄り添う授業を構想しよう

3 子どもに届く教師の働きかけ

1 子どもがちっともノっていないのは子どものせい？

「『子どもの目がキラキラ輝くような』『やりたい気持ちが前に出るような』『あれ，なんだろう，と気づきや発見の多い』『友だちとともに学ぶ喜びを感じられるような』そんな授業がしたい！」と毎授業思い，構想を立てます。しかし，実際は…離席が激しい子，机に伏せてしまう子，泣き出す子，エアコン等の機械の動きの方に集中してしまう子など，授業をしていても「あ〜，子どもがちっともノっていない」「今日の授業は全然ダメだった」と落ち込むことが多いのです。

その時に，「あの子は落ち着きがないから」とか「こだわりがあるから難しい」など，授業の不成立を子どもや障害のせいにして考えてしまいたくなることはないでしょうか。

学校生活の大半の活動は授業です。授業が楽しければ，自ずと学校生活が充実し，楽しいものになります。では，どうすれば，子どもが「楽しい！」「やってみたい！」と思えるような授業を創り出すことができるのでしょう。一緒に考えていきたいと思います。

2 どうして授業にノれないのか

そもそもどうして学習課題にノれないのでしょうか。その理由を丁寧に考えていく必要があります。

私たちが何気なく「見て」「聞いて」「感じて」いることが，障害を有する子どもたちにとっての当たり前でないことがたくさんあります。

たくさんのものが置かれてあり，いろいろな音が耳に入る教室の中で，どこを見ていいのか分からない。何を聞けばいいのか分からない。教材が提示されても，何をどのように，どんな順番で取り組んでいいのか分からない。そのような中でいつ終わるか分からない時間を過ごさなければならないとしたら，私たちだってイライラしたり，眠くなったりするでしょう。まず，「子どもは授業に参加して当たり前」という教師自身の思いこみから脱けだし，子どもの立

▷1　参考文献
岩永竜一郎（2012）『もっと笑顔がみたいから：発達デコボコな子どものための感覚運動アプローチ』花風社.
ニキ・リンコ／藤家寛子（2004）『自閉っ子，こういう風にできてます！』花風社.

場に立って，自分の子どもへの働きかけ方をもう一度見つめ直してみることが必要です。

３ その気にさせる授業のヒントを探そう

　自分の働きかけを見直すために，授業をビデオに撮ることをお勧めします。自分の立ち位置，言葉かけの声の音量や高低，間の取り方，提示したものと子どもとの距離やその教材の大きさなど，子どもの目線に立って自分の授業を見ると子どもの「ノらない」理由が分かりやすくなります。

　「見やすさ」が必要なのであれば背景を黒地にすることで，注目しやすくなります。教室環境も授業で見てもらいたいもの以外は布で覆って隠すなどの工夫もできるでしょう。授業の終わりが分かりやすいように，本時の授業の活動内容を貼っておき，終わったらはがしていくことで，自分は今何をしていて，あと，何があるのか，など時間的見通しを持つことができます。そのような具体的支援の方法や環境の構造化に関する書籍は書店でたくさん見つけることができます。

　そして一番大事なのは，実は日常の生活にあるのだと考えます。日々，子どもたちとともに生活する中で，この子は何が好きなのか，何が苦手なのか，何を課題としているのかを知っていくことが子どもに届く働きかけをするうえで非常に重要になってきます。城丸章夫氏が「指導とはその気にさせること」と言っています。どうすれば，子どもが「その気になる」演示ができるのか，そのヒントが学校生活のすべてにキラキラ光ってちりばめられています。教師は丁寧にそれを拾い上げ，授業に盛り込んでいくことで，子どもの心に届く授業をつくり出すことができるのではないでしょうか。このくらいのトーンでこういう言い方であれば，この子は思わず耳を傾けるだろう，休み時間に夢中になっていたこの遊びを盛り込んで教材にして渡せば，この子は思わずやりたくなってしまうだろう等，子ども一人ひとりの好きなこと，好きなものを足がかりにした授業を展開し，その子の世界をもっと広いものへと導いていきたいものです。

　特別支援教育はチーム・ティーチングで指導することが多いです。日常的に，教師どうしで子どもと授業の話をすることをお勧めします。自分一人では分からなかった，子どもの様子や授業の工夫点が必ず見い出せます。子ども，そしてともに指導する教員と一緒に子どもが「その気になる」授業をつくっていきましょう。

　　　　　　　　　　　　　　　　　　　　　　　　　　（小室友紀子）

▷２　TEACCH（ティーチ）：Treatment and Education of Autistic and related Communication-handicapped Children（自閉症とその関連する領域にあるコミュニケーション障害の子どもたちの治療と教育プログラム）の略。
　障害を有する子を環境に合わせようとするのではなく，環境を子どもに合わせる考え方や具体的方法は指導・支援上参考になる。

▷３　生活指導の代表的な研究者の一人で，深い教育思想研究をもとに，子どもの自主的・自治的世界の指導論を提起し，常に教師・子ども・保護者の側に立ったその理論は今も私たちを励ましている。『管理主義教育』（新日本新書，1987）など多数の著書あり。

Ⅵ　子どもに寄り添う授業を構想しよう

4　子どもに働きかける時の「距離」と「間」

① 「やりたくない」と泣く子がいたら

「さあ，授業を始めるよ」と教師が明るく誘いかけても，「いやだ！　やらない！」と泣いて離席し，教室の隅にからだを丸めて座ってしまう子。ダンスで使う小道具を渡しても「いやだ！　持ちたくない！」と頑なに持とうとはしない子。そのような子どもたちを前にして，途方に暮れてしまうことはないでしょうか。席から離れ，授業とは関係のない物で遊んでいる子どもの姿を「良し」とはできず，強引な誘いかけや働きかけで子どもに迫り，さらに状況を悪くすることも，たびたび起こります。こんな時，私たち教師はどのように考え，子どもに対してどのように働きかければよいのでしょう。

② 一人ひとりに必要な「間」と「距離」

　まずは，子どもが授業に参加できない理由を考えます。「まだ，遊んでいたかった」「初めての授業で何をするのかまったく見通しが持てない」「課題が子どもに合っておらず，取り組む意欲が湧いてこない」など，参加できない理由を思いつく限り考え，理由にそってこちらの働きかけを考えます。
　「まだ，遊んでいたかった」ということであれば，まずはその子のお気に入りのものを持ったままでいいから，席に着くことを促してもいいでしょう。授業がその子にとって魅力的なら，やがて授業に参加していきます。「初めての授業で何をするのか見通しが持てない」ということであれば，「そこで見ていてね」と言葉をかけ，子どもにその場から活動内容を見ていてもらってはどうでしょう。活動内容が分かり，「できそうだ，やってみたい」と思えたら，やがて自分から席に着くことでしょう。また，いつもと違うものを身に付けることは，自閉的傾向の障害特性を有する子にとっては，私たちが考える以上に抵抗感が強いものです。そのような子には身に付けることを強要せず，「みんな，持ってるよ」と友だちが身に付けたり，持って楽しそうに活動している様子を

まず見せることも有効です。友だちが楽しく活動する様子を見ていると新しい物への抵抗感が薄まり、やがて自然と受け入れられたり、自分から持ったりするようになることも少なくありません。

③ 教師が「間」と「距離」を持つゆとりを

　私たち教師は「すぐに、はやく、たくさん、従順に」授業に参加することができる子を高く評価する心の働きがあることを自覚していることが重要かと考えます。その子なりに「参加したくてもできない状況」があるにもかかわらず、教師主導で私たちが求める「授業への参加」の型にはめたくなってしまいます。教師による参加の強要や、強引な働きかけをすることなく、心もからだも子どもと適度な「間」や「距離」をとることで、子どもの方から授業に参加してくることが多くあります。無理は拒否を長引かせます。

　子どもに無理を強いないために大事なことは、実は「〜ねばならない」と狭く固く考えてしまう教師である私自身の心の働きから「間」や「距離」を置き、広く豊かな働きかけをすることを心がけることなのかもしれません。

　そうは言っても、このような「間」と「距離」を適度にとる働きかけを実際授業の中で行うことは、教師一人では困難です。チームで指導するならなおさらです。「子どもをあんなに甘やかしていいのか」「今、ちゃんとやらせなければ、後で身に付けることができない」など、指導者の考えが様々な中では、「間」や「距離」をとった働きかけが難しい場合もあります。子ども一人ひとりに寄り添う豊かな教育実践を展開するためにも、日頃から、ともに指導する同僚とのケースカンファレンス▷1がとても重要です。この子の課題はどこにあり、この子にとっての「授業への参加」をどのように考えるか等、子ども一人ひとりの実態と課題を、指導する教師間で共有していることが土台となります。その中で子どもの様子を見守りながらも、複数の教員が多様な方向から誘いかけることも有効です。指導者がチームとしてかかわることができる良さを存分に生かしましょう。

　パウロ・フレイレ▷2は「教育は一方的働きかけという病に陥っている」と言いました。どんなに正しい行為であっても子どもの心に響かないまま強要すれば、「支配-服従」関係となってしまいます。子どもの成長する速度は一人ひとり違います。一人ひとりの成長を保障する「間」を持つ心のゆとりが教師の側に必要です。子どもと教師が双方向で練り上げる豊かな授業を展開していきたいものです。

　　　　　　　　　　　　　　　　　　　　　　　　　（小室友紀子）

▷1　担任会や学部会、校内研究会等でケースを取り上げ、集団で検討することは、指導上そして学校づくりの点としても重要である。また、そのような時間がとれなくても、教員どうしで気軽に子どもの様子等の情報を交換し合ったり、指導上悩んでいることを出し合ったりすることができる指導者間のコミュニケーションこそ、日々の実践を高める土台となる。

▷2　ブラジルの成人識字教育の実践者。著書に『被抑圧者の教育学』（亜紀書房、1979）、『希望の教育学』（太郎次郎社、2001）がある。鈴木和夫『子どもとつくる対話の教育』（山吹書店、2005）はフレイレの考えを教室で実践したものとして大変参考になる。

Ⅵ 子どもに寄り添う授業を構想しよう

5 子どもに寄り添う授業の展開
——子どもに対する評価の言葉を精選する

　評価は，どの段階で行うか何の目的で行うかによって性質や方法は異なりますが，ここでは授業時間中，子どもが学びたいという意欲を持ちながら目標を達成していけるための支援となるような評価の言葉を精選することについて，考えてみたいと思います。

① 子どもの学習活動の中から評価する（ほめる）言葉を精選する

　子どもたちが目標を達成できるような学習活動が展開できる最大の原動力は，何といっても学びたいという意欲であり，その意欲をかき立てるものといえば，やはりほめられることが一番だと思います。しかし，分かっていても実はこれがなかなか難しいもので，否定する言葉はすぐに出てくるけれども，ほめる言葉はなかなか出てこないということがあるのではないでしょうか。そんな時は全体（結果）ばかりではなく，部分（過程）に目を向けてみるとけっこうポイントが見つかることがあります。

　例えば，かけ算の筆算の問題なら，かけ算の九九はできているけれども繰り上がりを忘れ答えが間違ってしまった，という場面があったとします。さて，ここで教師はどう対応するでしょうか？　答えが間違っているから×をつけるべきなのかもしれませんが，九九の段階はできているのだから，まずその部分については「よくできているね」とほめることこそ大切なのではないかと私は思います。子どもが九九を覚える過程においては，きっと何度も練習したり家の人に聞いてもらったりして苦労しながらやっと覚えたというドラマがあることでしょう。それを感じながら「覚えた九九が正確に使えているね。大変よろしい！　あとは繰り上がりの部分だけ気をつけて！」と笑顔で九九の部分に二重丸をつける，このような視点から生まれた言葉こそ精選された評価なのです。

　もうひとつ付け加えるならば，できることが普通とか当たり前と思ってしまっては，たとえほめるスキルとして口先だけで同じセリフを言っても，きっと子どもの「学びたい」には届かないでしょう。子どもは鋭い観察者です。教師の真意は的確に子どもに評価されていると言っても過言ではありません。子どもの中にあるドラマを共有し，ほんの些細なことからでもできたことは素晴らしいと心底感じる気持ちがもてることこそ，教師の言葉が子どもの「学びたい」に届くための必要不可欠な要素となってくるのだろうと思います。

❷ 子どもに寄り添う立場から評価の言葉を精選する

　かといって，いつもいつもほめられる状況があるわけではありません。似たような課題でも，ほんの少しの違いでどこからどう手を付ければよいか分からずに立ち往生するかもしれません。もしかするとまったく同じ課題でも，ふと方法を忘れたり気分の問題でできなかったりするかもしれません。そんな時，私たち教師は「やる気が感じられない」「努力が足りない，何度言ったら分かるんだ」など本人のせいにし，何の解決にもならないマイナスの評価を重ねてしてしまっている気がします。そこからは子どもの「学びたい」が生まれることはないし，何より教師自身が精神的にどんどん深みにはまってしまいます。そこで，このようなジレンマに陥らないために，本章のタイトルにもある「子どもに寄り添う」ことを大切にしたいと思います。できなくて一番困っているのは子ども自身です。どうしてできないのかを冷静に細かく分析して課題設定上の問題を解決する一方で，「大丈夫，大丈夫。先生と一緒に少しずつ解いていこう」というように，子どもの困った不安な心境に時間をかけて寄り添うのです。そうするうちに子どもが勇気を振り絞って一歩踏み出します。「おっ，いいぞ」，また一歩，「うん，その調子」，さらに…，「ようしできた！　よくがんばった！」。子どもが課題を乗り越える過程で教師から受ける，短くありふれた言葉の一つ一つこそ，その取り組みを評価する精選された言葉になっているのではないでしょうか。

❸ 見通しを持ち計画性を大切にしながら，評価の言葉を精選する

　一方，授業を構想するさいに「ここで〇〇さんの得意な〜の活動を入れよう」「△△さんの〜な思いをここで発表してもらおう」などを考えておくことで，授業という場を利用しながら子どもの特性を評価することもできます。「〇〇さん，さすがだね」「△△さんらしい，いい考えだね」と教師が一斉指導の場面で評価することで，周りの友だちの意識の中にそのような評価が伝わったり，〇〇さんや△△さんの自尊感情が高められたりすることにもつながります。このような見通しや計画性の中から生まれる，まさに精選された評価の背景には，学校生活の中で子どもたちをどれだけ多面的・肯定的に捉えられているか，保護者との連携を図りながら子どもたちの育ってきた環境についてどれだけ情報収集できているかなどが，大きく関連しています。日頃からのきめの細かいかかわりを大切にしたいものです。

　このように考えると，正確には評価の言葉を精選するのではなく，手間暇かけた取り組みを経ることが，普段のありふれた言葉を子どもの「学びたい」という思いに届く，精選された評価の言葉に変えていくのではないかと思います。

（太田　茂）

参考文献

森敏昭・青木多寿子・淵上克義編（2010）『よくわかる学校教育心理学』ミネルヴァ書房．

中澤潤編（2008）『よくわかる教育心理学』ミネルヴァ書房．

中島義道（2009）『差別感情の哲学』講談社．

コラム

子どもへの指示のあれこれ…

　教師とは，やたらとあれこれ指示を出したがる生き物です。しかも厄介なことに，聞いている子どもの立場はそっちのけ，その多くが教師サイドからの方法や手順の説明，子どもたちへの一方的な伝達事項といった類のものです。さらにさらに，万が一にも指示がもれなく遂行されなければ，何とそれは子どもたちのせいにされるのです。「今，話したばかりでしょ！」「一体何を聞いてるの！」「何回言ったら分かるんですか！」「真剣に聞く気持ちが足りません！」などなど…。恐ろしいことに下手をすると精神論にまで発展しかねません。と偉そうに書いている私も，ご多分に漏れずきっとこのような教師だった気がします。

　忘れもしない特別支援学級を初めて担任した16年前，7人の子どもを椅子に座らせて教壇に立ち，「今日はこれで授業は終わりですが，まず〜をして，終わった人は〜，最後に〜ができたら帰りのごあいさつをしましょう」という指示を出しました。子どもたちはきちんと座って私の話を聞いてくれ，私が指示を話し終わった時には「はい！」と大きな声で返事までしてくれました。私が「うんうん，何と素晴らしい子どもたちだ！」と思ったのは言うまでもありません。ところが次の瞬間，「えっ？何で？？…」。7人中，私の最初の指示どおりに動き始めた子どもはたった1人，3人は私の指示を何一つ実行しないままランドセルを背負って「気を付け！」，残りの3人はボーっと座って一向に動かず…。私が「言われたことをさっさとしなさい‼」と怒鳴ったことや，私がいくら声を大に叫んでも状況に変化がなかったことは，みなさんなら容易に想像できることでしょう。しかし，残念ながら当時の私には，この状況から脱出する力量は全く持ち合わせていませんでした。

　多分私は，それまでの担任経験（通常学級の6年生）を基準に考えていたのだと思います。記憶の容量が大人のそれに近づくのは小学校高学年以降，私の受け持ちは特別支援学級，板書もせずに話し言葉だけ…，何の配慮もありません。今となっては私に怒られ続けた当時の子どもたちに，申し訳ない気持ちでいっぱいです。

　指示は短く分かりやすく。今必要な指示は何なのか，一人一人の特性を理解し，どのようにすれば子どもにそれが伝わるのかを考えて言葉を精選することで，子どもが心底「分かった！」と感じ生き生きと活動できる状況をつくっていきたいものです。　　（太田　茂）

第7章

豊かな授業を展開しよう

VII 豊かな授業を展開しよう

総　説

① 豊かな授業をつくりだす教師の授業観とは何か

　今日，授業をパターン化すると，授業の進め方が同じだから，「子どもの逸脱行為が減った」「子どもも安心できる」というように捉えられたり，また，黒板に示した順序で授業をするような「授業の中の構造化▷1」をすると，「子どもも見通しを持って参加できる」「授業に落ち着きが出てきた」と考えられたりしています。こうした授業は，教師が構想したとおり（＝指導案どおり）に授業が進行しやすいため，教師自身，安心できるのでしょう。これは，「目の前の子どもが『できる』ことによって教師も自信を取り戻すことができる」というある教師の意見に象徴されると思います。

　今日，このように目に見えて「できる」ことが保障される，つまり，「見える」学力，スキルに終始しがちな授業観を持たないと，教師も日々の実践を続けることができにくくなっているのではないでしょうか。ただ，こうした授業観を持ったままだと，型にはめ過ぎてしまう恐れがあります。むしろ，実際の授業では子どもに寄り添い，子どもたちが試行錯誤したり，考えたりできるように，子どもの視点から授業構想をつくりかえることが必要です。教師が意味理解といった認識面だけでなく，理解する喜びや楽しみ，子どもどうしの共感といった感情面にもかかわる，学力の「見えない」ところも視野に入れた授業を実践することを通して，子どもの自信へとつなげる授業が求められていると思います。

　授業構想に必要なことは，「教師の『教えたい』ものを子どもの『学びたい』ものに転化していくこと」とこれまで指摘されてきたように，指導案づくりの根底にはこうした子ども自らが発見したり，気づいたり，意欲的になりながら学習内容を習得するプロセスを大切にした考え方がありました。指導案づくりには，教科内容という「見えない」原理・原則，概念などを子どもたちに「見える」＝発見できる内容や，気づく内容にしていくための教材づくりを基盤とした考え方があります。このように丹念に指導案をつくることは，教師の働きかけによる，授業過程での子どもたちの応答予想のイメージトレーニングにもなります。こうした実際に目の前にいない子どもたちのイメージのもと，「姿なき子どもとの対話」（吉本均）を通して，授業をより豊かに高めていくことが指導案づくりに求められます。

▷1　「授業の中の構造化」については，「平たく言えば『授業の展開や内容をわかりやすくする仕組みを明確にすること』」であり，例としては，「一つの授業の流れがわかるように黒板やホワイトボードに授業の展開が書かれていること」が述べられている（新井英靖「授業の中の構造化」渡邉健治・湯浅恭正・清水貞夫（2012）『キーワードブック・特別支援教育の授業づくり』クリエイツかもがわ，64頁）。

授業を豊かにつくり上げるために重要な授業観は，教えたいことを子どもに直接，教えることではありません。そうではなくて，授業における教師の役割である指導とは，文字どおり，教師の「指さし」によって子どもたちの内面に介入し，能動的な自己活動を引き起こし，子どもを学習主体へと「導く」ことです。この点で，教師が教える過程をパターン化したり，教師の手順どおりに活動したりすることにとどまるのではなく，そうしたことを越えて，自分たちで授業をつくっていく学級の主人公として，子どもを「指さし」「導く」ことも大切ではないでしょうか。

❷ 教師の思いと子どもの思いとの一致を目標にして

　指導案づくりでは，子どもたちの応答予想を考えることで，子どもたちの思考をいくつもイメージし，様々な指導を構想することができます。けれども，特別支援教育では，個別のニーズが注目されることで，授業構想でも個別の指導のみが強調される傾向にあります。確かに，障害特性に応じた個別の視点で授業を構想することも大切ですが，教材を用いることで学習する集団としての授業をどう成立するかについても検討しなければなりません。つまり，個別の指導と集団指導における学びの展開を統一することが求められます。

　というのも，障害特性に応じた指導は確かに必要ですが，集団を介して障害特性を越えた指導も必要だからです。集団を介することで，友だちと共有したり，友だちの行為を意識してまねてみたり，ともに楽しみ，喜び合うことができます。もちろん，個別で学ぶことよりも集団で学ぶことが難しい子どもに何も配慮しないまま，集団に参加させても，その子が排除されるか，その集団に適応や同化を強いられるだけです。それゆえ，個別と集団の指導を考慮して授業を構想する必要があるのです。また，前提として，学級での子どもどうしの関係性が基盤にあることも必要です。

　けれども，いくら授業構想をしっかりしても，指導案から「ずれ」ることがあります。「ずれ」に直面したとき，無理に子どもの発言や考えを教師側の論理にあてはめたり，子どもの発言や考えを無視したりするのではなく，まずは「ずれ」を認め，子どもの視点から理解することが大切です。こうした「ずれ」との対話を繰り返すことで，子どもの内面の理解が促され，今後の教材解釈や教材づくりにも生かされるのです。

❸ 適応的に「できる」「できない」といった授業を越えて

（1）「内面世界」発達へ向けての教師の意味付けや子ども自らの発見

　教師が授業のパターン化や「授業の中の構造化」に取り組むことで，子どもは授業への参加がしやすくなります。けれども，「先生が指示したからする」「毎日やっているからする」といったように，子どもがただ「適応している」

だけとも考えられます。

　このような考え方は顕在化する「問題行動」を客観的に見て，適応行動を増やし，一定の型を子どもに習得させることにつながるでしょう。そのように適応的に「できる」ことを増やす以外に，子どもの試行錯誤の活動やつまずきから教師が意味付けし，子ども自らが「できる」ことを発見する指導も考えられます。授業の中で顕在化する「問題行動」の意味を考え，その理由から何につまずき，何に困っているのかともに考えることも必要でしょう。

　そのさい，重要なのが，教師の働きかけです。子どもたちにとっては「見えない」成長を「見える」形で評価することです。例えば，「できた」か，「できない」かが分かるようなカードを使って，視覚的に子どもの成長を表すこともそうかもしれません。そうすることで，子どもは自分の成長や自分のがんばりを理解することができるでしょう。それ以外に，子どもの試行錯誤の行為を教師が意味付けることで，子どもは自己の行為について身を通して学ぶのではないでしょうか。こうした教師の働きかけから，自分の成長や行為の意味を実感し，自らの力で自立への道筋を学んでいくことも可能になると思います。

　このように適応的に「できる」ことを追求するのでは，子どもの内面を見落とす可能性があるのではないでしょうか。型にはまったことや速さばかりが求められるような「できる」世界へ向かうのではなく，授業の中だけでなく，日常世界でも実感を伴い，遅くても自分のペースで「できる」ことの追求も必要ではないでしょうか。

（２）「できる」ことと「できない」ことの自己理解

　確かに「できる」ことは大切ですが，一方で「できない」ことにも目を向ける必要があります。「できない」ことに直面すると子どもは「問題行動」を起こしたり，意欲を失ったりする場合があります。発達障害の子どもの例では，子どもが，得意な分野を発揮できる場面を意図的につくり，学習内容を媒介して友だちとつながり，学びへの意欲を高める実践があります。

　「できる」こととともに「できない」ことにも向き合うためには，「できる」ことと「できない」こととを自己理解する力が必要です。自分で「できる」ところでは周りの友だちとつながっている意識を持たせ，「できない」ときには周りに助けを求めることができる指導も必要です。

　ただ，授業において「できる」ことと「できない」ことを自己理解していくさい，子どもに「できそうなこと」を一方では要求していく必要があります。というのも，その子にとって「できる」ことは何か，「できない」ことは何か，を理解すると同時に，「できそうなこと」（「できる」ようになりたいという子どもの思いや願い）が，実際「できる」ことによって，その子自身のそうした思いや願いを育てることにつながるからです。その点で，子どもが「できる」ことと「できない」ことを自己理解するのと同時に，教師のその子どもの「でき

る」ことと「できない」ことの理解と，それを越えて自立へ向けての思いや願いをつくりだすことが大切です。

　また，ふだんは「問題行動」を起こす子どもが，学級の子どもたちとつながることで友だちとの関係性から，友だちとの共有物を壊すのをためらう場合があります。授業でも仲間とともに育つ意義をもう一度考える必要があると思います。関係性の中で，たとえ「できない」ことがあっても，かかわり合う関係性を構築することが求められているのです。

❹ 意味と価値を教師と子どもが共感しながら授業を進めていくために

　パターン化や「授業の中の構造化」のような授業スタイルを検討するだけではなく，子どもの学習活動を成立させる教師の働きかけを分析することが求められています。ただし，教師が働きかけるためには，何らかの意味や価値を子どもに学び取らせる必要があります。例えば，教師が意味や価値を教え込むのではなく，子どもの発言や表現（書くこと，動作化，指さしなどの表現）に教師が共感することで，子どもの理解の深まりをつくりだすことができます。

　生活単元学習で木工作業をしているとき，教師が「Aくん，どうやったらヤスリがうまくかけられるのか教えてください」と質問すると，Aくんがヤスリのかけ方を教師に教えます。また，ヤスリをかけることで凹凸がなくなり，平らになることで，教師が，「Aくん，滑らかになったね」とほめ，さらにヤスリがけの意味や価値を子どもに考えさせていきます。

　この事例は，教師と子どもが木工作業をしているとき，教師が「教える者」，子どもが「学ぶ者」という関係ではなく，教師が子どもに対して「どのようにすればヤスリがうまくかけられるのか」を聞くことで，教師と子どもの関係を組み替え，子どもが教師に教えることを通して，子どもは単に一人で作業する個別の作業ではなく，人とかかわりながら自分の考えを整理し，表出することで，より理解を深めることができるようになっていました。つまり，教師は一方的に教える者ではなく，子どもとともに授業をつくりだす者であることを前提に，モノをつくりだす意味を共感し，そうした学びの価値を教師と子どもが見出すことで，子どもの学習意欲を高めることにつながります。そのさい，重要なのが，教師の働きかけ＝「価値づけ（学習内容への方向づけ）」です。それは，子どもたちの活発で，楽しそうな外面的な学習活動を評価するだけではなく，教師は子どもたちの知的な理解や知的世界への追求を促進することが求められます。

（吉田茂孝）

参考文献

大髙一夫・杉山敏夫・永田三枝子・森博俊（2011）『こころみつめて：知的障害学級から特別支援教育の質を問う』群青社.

大和久勝監修・湯浅恭正編著（2008）『困っている子と集団づくり』クリエイツかもがわ.

湯浅恭正（2006）『障害児授業実践の教授学的研究』大学教育出版.

吉本均著（2006）『学級の教育力を生かす吉本均著作選集全5巻』明治図書.

渡邉健治・湯浅恭正・清水貞夫（2012）『キーワードブック・特別支援教育の授業づくり』クリエイツかもがわ.

Ⅶ 豊かな授業を展開しよう

1 子どもの顔が見える指導案を書こう

1 子どもの顔が見える指導案を書くためには

（1）教えたいことが学びたいことになるとは

　教師が教えたいことが子どもたちの学びたいことになっていくような教材を選定すれば，学習内容への意欲的で主体的な取り組みが期待できます。指導計画を立てる段階で，まず，何をどのような教材で教えるかについてよく吟味することが大切です。以下に事例を挙げながら説明します。

〈事例Ⅰ〉平仮名や片仮名指導の導入——子どもの興味・関心から

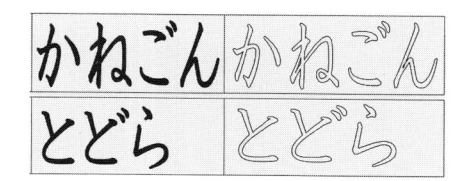

　50音表を使ってもなかなか平仮名やカタカナが入りづらい子どもたちには，その子が興味・関心を持っている内容を教材化すると抵抗なく学習に入っていけることがあります。

　ウルトラマンが大好きなA君には，登場する怪獣の名前で平仮名を練習したり，機関車トーマスが大好きなK君やアンパンマンが大好きなH君には，それぞれのキャラクター名でカタカナの読み方や書き方を練習したりして導入段階から学習意欲を引き出すことに成功しました。

〈A君用平仮名教材〉

〈K君用片仮名教材〉

（2）学習に見通しを持つとは

　学級の中には，自閉症や自閉的な傾向を持っている子どもたちが多く在籍しており，指導内容や教材が適切であっても，学習に見通しが持てるような支援がなければ，興味・関心を持って積極的に学習に向かえないことが多いと思います。そこで，子どもたちにこれから取り組む学習がどのようなものなのかを，視覚的資料や教材を工夫することで，イメージしやすくすることが大切になってきます。

〈事例Ⅱ〉見通しを持って延長学習に取り組めた視覚的教材

　入学後，5時間授業しか経験のない小学部1年生の子どもたちが，9月の延長学習に見通しを持って取り組めるようにするための教材の工夫について説明します。

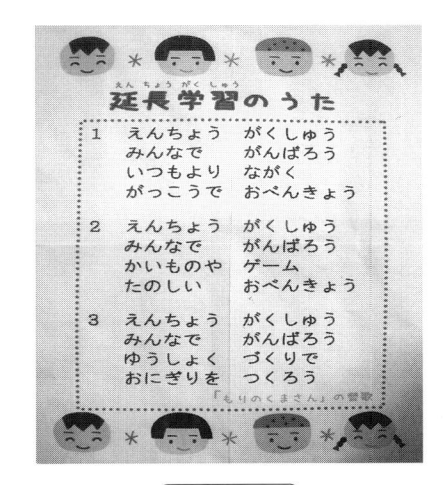

〈延長学習の日程表〉　〈延長学習の歌〉

　上の写真のような日程表と普段使っている5時間学習の日程表を対比できるように教室内に掲示し，いつもより長い時間学習するということが一目で分かるようにすることで，自閉的な傾向の強い子どもたちも落ち着いて学習に取り組むことができました。延長学習の当日には，数字（校時）に花まるを付けていくことで，学習の終了と活動に対する評価も目に見えて，終了が気になって不安定になりやすい子どもたちも最後まで楽しく過ごすことができました。

　「延長学習の歌」の歌詞には学習内容を盛り込み，事前学習の中で繰り返し歌うことで内容を心にとめることができ，見通しを持った活動が可能になりました。

　この歌は，事前学習から事後学習の最後まで毎時間，授業の最初にみんなで歌いました。そうすることで，学習内容が十分理解できていない児童でも，この歌が始まると延長学習の勉強が始まることに気づくことができるようになりました。

（3）障害の特性に応じるとは
〈事例Ⅱ〉『きょうはみんなでクマがりだ』（マイケル・ローゼン再話）から

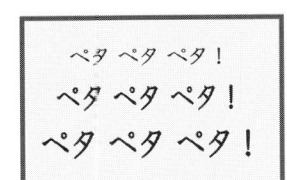

〈第3場面のオノマトペ〉

　本教材は各場面にリフレインが効果的に使われていて楽しく音読できます。また，オノマトペの部分は左のような視覚的に工夫された提示方法が使われているので，お話の世界がじゅうぶん理解しにくい自閉症児にとっても内容が捉えやすくなっています。お話の内容理解にかかわる学習ですが，自閉症児の特性を生かしながら知的障害児とともに同じ学習活動が可能になる教材だと言えます。自閉症児の特性を利用して，声の大きさに変化をつけた音読を試みるのに適切な教材ではないでしょうか。

▷1　『きょうはみんなでクマがりだ』では，同じフレーズを繰り返しながら場面が転換するとともに，場面の様子を表す工夫がなされている。このように，リフレインには，同じ言葉や文章を繰り返すことで，知的な遅れのある子どもたちにも話の流れが意識できたり，リズム感を感じたりしながら内容理解を進めることができるという効果が期待できる。この他にも，『キャベツくん』（長新太作）や『ねずみくんのチョッキ』（なかえよしを作），『わにさんどきっ　はいしゃさん　どきっ』（五味太郎作）など，子どもたちが楽しくお話の世界を味わえる作品がたくさんあるので，探してみてはどうだろう。

2 子どもの顔が見える学習過程を展開するには？

（1）集団の中での学びを通して

6　本時の学習指導
（1）ねらい　　場面の様子を想像しながら，友達と一緒に楽しく音読ができる。
（2）学習指導過程

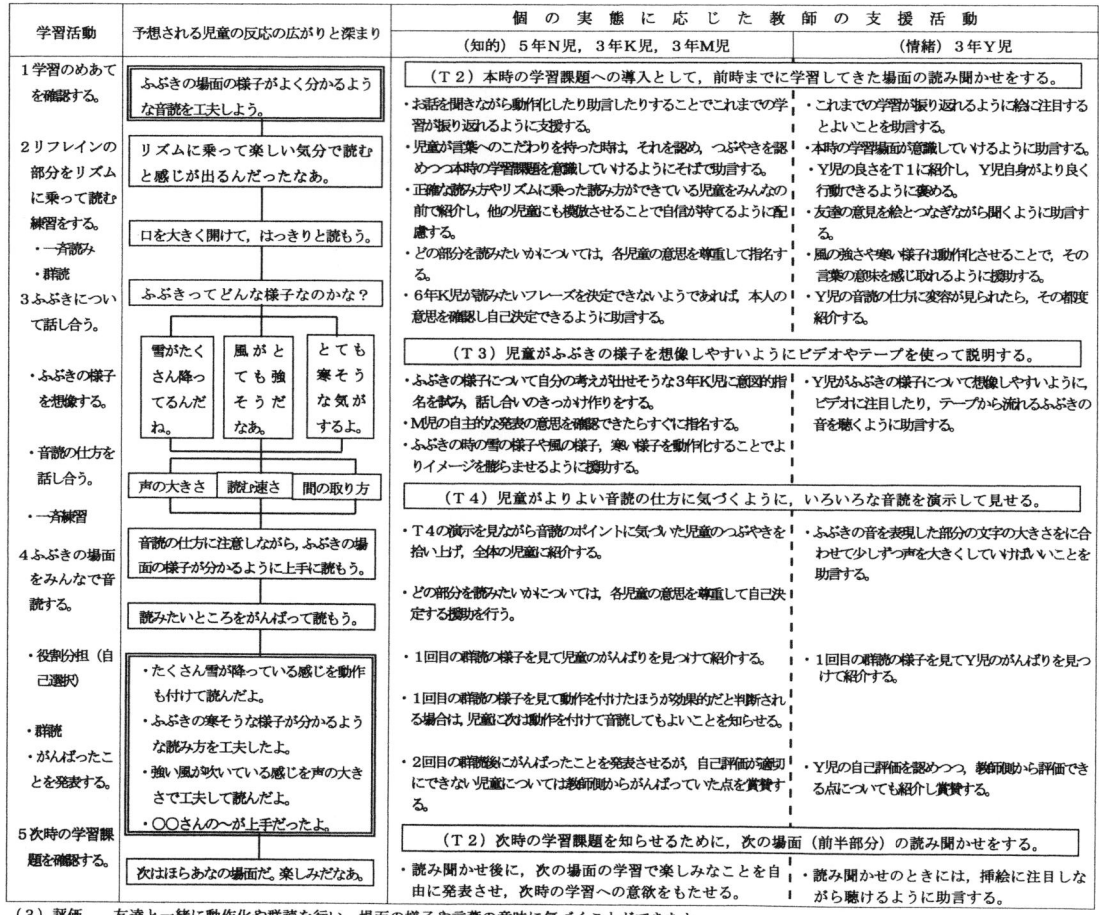

学習活動	予想される児童の反応の広がりと深まり	個の実態に応じた教師の支援活動	
		（知的）5年N児，3年K児，3年M児	（情緒）3年Y児
1 学習のめあてを確認する。	ふぶきの場面の様子がよく分かるような音読を工夫しよう。	（T2）本時の学習課題への導入として，前時までに学習してきた場面の読み聞かせをする。	
		・お話を聞きながら動作化したり助言したりすることでこれまでの学習が振り返れるように支援する。	・これまでの学習を振り返るように絵に注目するとよいことを助言する。
2 リフレインの部分をリズムに乗って読む練習をする。	リズムに乗って楽しい気分で読むと感じが出るんだったなあ。	・児童が言葉へのこだわりを持った時は，それを認め，つぶやきを認めつつ本時の学習課題を意識していけるようにそばで助言する。	・本時の学習課題を意識していけるように助言する。
・一斉読み	口を大きく開けて，はっきりと読もう。	・正確な読み方やリズムに乗った読み方ができている児童をみんなの前で紹介し，他の児童にも模倣させることで自信が持てるように配慮する。	・Y児の良さをT1に紹介し，Y児自身がより良く行動できるように褒める。
・群読			・友達の意見を絵とつなぎながら聞くように助言する。
3 ふぶきについて話し合う。	ふぶきってどんな様子なのかな？	・どの部分を読みたいかについては，各児童の意思を尊重して指名する。	・風の強さや寒い様子を動作化させることで，その言葉の意味を感じ取れるように援助する。
・ふぶきの様子を想像する。	雪がたくさん降ってるんだね。／風がとても強そうだなあ。／とても寒そうな気がするよ。	・6年K児が読みたいフレーズを決定できないようであれば，本人の意思を確認し自己決定できるように助言する。	・Y児の音読の仕方に変容が見られたら，その都度紹介する。
		（T3）児童がふぶきの様子を想像しやすいようにビデオやテープを使って説明する。	
		・ふぶきの様子について自分の考えが出せそうな3年K児に意図的指名を試み，話し合いのきっかけ作りをする。	・Y児がふぶきの様子について想像しやすいように，ビデオに注目したり，テープから流れるふぶきの音を聴くように助言する。
・音読の仕方を話し合う。	声の大きさ／読む速さ／間の取り方	・M児の自主的な発表の意思を確認できたらすぐに指名する。／・ふぶきの時の雪の様子や風，寒い様子を動作化することでよりイメージを膨らませるように援助する。	
・一斉練習		（T4）児童がよりよい音読の仕方に気づくように，いろいろな音読を演示して見せる。	
4 ふぶきの場面をみんなで音読する。	音読の仕方に注意しながら，ふぶきの場面の様子が分かるように上手に読もう。	・T4の演示を見ながら音読のポイントに気づいた児童のつぶやきを拾い上げ，全体の児童に紹介する。	・ふぶきの音を表現した部分の文字の大きさに合わせて少しずつ声を大きくしていけばよいことを助言する。
	読みたいところをがんばって読もう。	・どの部分を読みたいかについては，各児童の意思を尊重して自己決定する援助を行う。	
・役割分担（自己選択）	たくさん雪が降っている感じを動作も付けて読んだよ。	・1回目の群読の様子を見て児童のがんばりを見つけて紹介する。	・1回目の群読の様子を見てY児のがんばりを見つけて紹介する。
・群読	・ふぶきの寒そうな様子が分かるような読み方を工夫したよ。	・1回目の群読の様子を見て動作を付けたほうが効果的だと判断される場合は，児童には動作を付けて音読してもよいことを知らせる。	
・がんばったことを発表する。	・強い風が吹いている感じを声の大きさで工夫して読んだよ。／・○○さんの〜が上手だったよ。	・2回目の群読にがんばったことを発表させるが，自己評価が適切にできない児童については教師からがんばっていた点を賞賛する。	・Y児の自己評価を褒めつつ，教師側から評価できる点についても紹介し賞賛する。
		（T2）次時の学習課題を知らせるために，次の場面（前半部分）の読み聞かせをする。	
5 次時の学習課題を確認する。	次はほらあなの場面だ。楽しみだなあ。	・読み聞かせ後に，次の場面の学習で楽しみなことを自由に発表させ，次時の学習への意欲をもたせる。	・読み聞かせのときには，挿絵に注目しながら聴けるように助言する。

（3）評価　　友達と一緒に動作化や群読を行い，場面の様子や言葉の意味に気づくことができたか。

　　この学習は，知的学級と情緒学級の児童が一緒に国語の授業を行った事例です（紙面の都合上，知的学級の児童については7名中3名についてのみ記載しています）。3年生のY児は自閉症児ですが，先述の「きょうはみんなでクマがりだ」（マイケル・ローゼン再話）という教材を使って，知的学級の児童とともに，お話の理解学習に取り組みました。それまでは，国語の理解にかかわる学習は個別学習を続けてきたY児でしたが，場面ごとに音読の一斉練習（動作化を含む）をしたり，役割を決めて群読したりする活動を通して，友だちと一緒に楽しいお話の世界を共有することができるようになりました。この学習後からは，

知的学級で実践したお話の理解学習，例えば「大工とおに六」（松居直著），「やどかりのおひっこし」（エリック・カール作）などにも参加することができました。Y児がこのような一斉学習に参加できた要因は，自閉症児の強み（視覚優位であるということ）を生かせる教材であったこと，また，クラスは違うけれど日頃の学校生活をともに過ごしている支援学級の友だちとの学習集団であったことが大きな要因だと思います。自閉症児への「障害特性に応じた教育」を考えるとき，「人間関係の形成」や「コミュニケーション」等に弱さを抱えている自閉症の子どもたちにとって，それらの内容を意識した授業づくりを行うことは，「障害特性に応じつつ，障害特性をこえていく教育」を進めるうえで大変重要なことだと思います。

（2）子どもの意識の流れを大切にした学習活動の組み立て

子どもの顔が見える指導案を作成するために，学習指導過程を構想するときに子どもの意識の流れを大切にした学習活動を組み立てることが大事だと思います。前頁の指導案の「予想される児童の反応の広がりと深まり」の項目では，学習活動の内容に対応した子どもの意識の流れをフローチャートで示しています。本時の学習課題を受けて，子どもたちがどのように反応したり，課題を意識化したりするかを予想し，課題解決に向けて学習がどのように深まっていくかを想定するという作業により，適切な学習活動の選定や子どもたちへのよりよい支援活動を決定することが可能となります。また，子どもたちの実態に基づいた多様な反応や意識の流れを想定しておくことは，発問や助言の計画を臨機応変に修正し，学習意欲を損なうことなく課題解決につながっていくと思います。

（3）個の実態に応じた教師の支援活動

一斉学習において，発達年齢に大きな差異を持つ子どもどうしの学び合いをいかに仕組んでいくかという点では，個々の弱さの部分だけでなく，強い部分（得意な部分）を強く意識し，それを生かした支援活動を工夫することが大事だと思います。例えば，それぞれのよさを引き出せるような発問や練り上げの場の工夫（子どもどうしがやりとりしながら意味理解を深めていく場）を意図的に仕組んでいくことで，自閉症の子どもたちも，人と一緒に楽しみ，分かる喜びを味わえるのではないでしょうか。前頁の「個の実態に応じた教師の支援活動」の項目では，読み方の上手な子どもを他の子どもたちに紹介し自信を持たせたり，様子を想像することが苦手な自閉症児に動作化や視覚的な資料を提示したりしています。個の実態に応じた教師の支援活動を工夫することにより，子どもどうしのかかわり合いや学習への積極的な取り組みを促すことができると思います。

（高井和美）

▷2　赤木和重が，現在の特別支援教育をすすめるうえでの基本概念となっている「障害特性に応じた教育」の意味について再検討し，指摘したものである。90年代以降「障害特性」の意味が人格特性を含まず，行動面や心理面での特徴に限定して使われていることを明らかにしたうえで，障害特性に応じつつも，その障害特性をこえていけるように子ども自身がコントロールできる力を付けられるような支援をしていくことが大切であることを指摘している。

【参考文献】

赤木和重（2008）「自閉症における『障害特性に応じた教育』再考：障害特性に応じつつ，障害特性をこえていく教育へ」『障害者問題研究』第36巻第3号，180-188頁．

赤木和重（2010）「村上実践を読み解く：読み解く鍵は，笑顔・考える・つながる」村上公也・赤木和重編著『キミヤーズの教材・教具』クリエイツかもがわ，138-150頁．

Ⅶ 豊かな授業を展開しよう

2 子どもの応答を予想しながら指導案を書こう

1 なぜ子どもの応答を予想しなければならないの？

特別支援教育における学習指導案では，本時の学習の指導過程に子どもたちが行う学習活動を書くこととともに，学習の支援や指導上の留意点といった教師の働きかけを記入するのが一般的です。そして，この部分には学習集団全体への働きかけだけではなく，個々の子どもへの働きかけを記入する場合がほとんどです。学習集団全体や個々の子どもの働きかけを適切に行うためには，子どもの応答を予想し，それに応じた働きかけを考えていくことが重要です。

しかし，普段の授業の中で，自分が予想していなかった応答が子どもたちから返ってきて，子どもたちに驚かされてしまうこともあります。実際，子どもたちの応答を予想することは難しいと考えている先生も多いのではないのでしょうか。私自身，喜ぶだろうと思って用意した教材に興味が示されなかったり，できなくて困るだろうと思っていた活動が簡単にできてしまったりして驚き，その後の働きかけに戸惑ってしまった経験が多くあります。

子どもの応答を予想し，それに対する教師の働きかけを考えることで教師の働きかけは豊かになり子どもたちの予想外の応答に困ることは少なくなります。そして，授業のねらいがぶれることなく達成されることができると考えます。そこで，子どもの応答を予想するには何が重要であるかを考えてみようと思います。

2 子どもの応答を予想するときに必要なものとは？

（1）予想すべき子どもの姿

私は子どもの応答を予想するとき，いつも2つの姿を想像しています。それは子どもが「喜ぶ」姿と「困る」姿です。子どもが授業の中で「喜ぶ」姿を見せる時は，先生からたくさんほめられた時，今までできなかった活動ができたとき，友だちと一緒に活動に取り組むとき，自分の好きなものがあったときなど数多くあります。この喜びが「この授業はおもしろい・楽しい」という意欲につながるようにするためには，どのような働きかけをすればよいのか考える視点を持つことが重要であると考えます。

では，「困る」姿とはどういったものでしょうか。活動が難しくてできない，学習活動の内容が理解できない，苦手なものがあるなど，子どもが困る場面は授業の中に多く見られます。この「困り」を子どもたちが乗り越えられたとき，

▷1 予想される子どもの応答を教師の働きかけと併記する様式の学習指導案も多く見られます。予想される子どもの応答を学習指導案に記入していくことで，教師の働きかけもより具体的に明記することができます。

「困り」は「喜び」に変わります。そのため，子どもが困った応答をする場面を予想し，子どもが困って立ち止まったときに，「困ったけれどやってみよう」と思えるような働きかけをすることが教師には必要であると思います。

（2）子どもたちの実態を把握する

先述したような子どもの姿を予想していくためには，子どもの実態を的確に把握することが重要になります。実態を把握する手段は客観的なアセスメントなど，様々ありますが，何よりも普段の学校生活での子どもたちとのかかわりから実態を把握することを大事にしてもらいたいと思います。当たり前のことのように思われますが，泣く姿，怒る姿，笑う姿，真剣な姿，戸惑う姿など，子どもたちは本当に多くの姿（＝学び）を見せてくれます。その一つひとつに「なぜこの子はこのような状態なのだろう」「この子の今の気持ちはどのようなものだろう」といった問いを持ち，その答えを考えていくことが実態を把握するうえで重要だと考えます。また，問いに対する答えが見つからなかったり，自分の答えに自信がなかったりしたときには，周りの同僚の先生たちと日頃の子どもたちの様子について積極的に語り合い，教師集団として子どもたちの実態を追求していくことも大事です。

③ 子どもの応答を予想して指導案を書いてみよう

私が子どもの応答を予想して書いた指導案の一部を紹介します。この授業では，学校祭で模擬店に来るお客さんに紙箱折りの方法を伝えるための練習に取り組みました。構音障害があり，自分の声で伝えることに困難がある子どもたちが「困り」を乗り越えて，お客さんに伝えられて「喜ぶ」ことができるように，折り方すべてを一人で伝えるのではなく，子どもたちが3人1組となって一つの紙箱の折り方を順番に伝えるように働きかけました。自分の担当する部分の折り方を一人でも伝えることができないと，お客さんには伝わらないことが分かり，子どもたちは友だちを意識し合いながら日ごとに活動に一生懸命取り組むようになりました。学校祭当日は，どの子どももたくさんのお客さんの前でも緊張することなく，最後まではっきりと紙箱折りの方法を伝えることができ，とても満足そうな表情を見せてくれました。

この学習指導案を書いているとき，私は学校祭で子どもたちが困りを乗り越えて，伝える喜びを友だちとともに分かち合える姿を想像し，早くこの授業がしたいという気持ちになったことを覚えています。子どもの応答を予想することを教師自身が楽しみながら指導案を書き，授業に臨むことで，子どもたちにも授業の楽しさを伝えることができるのだということが実感できた授業でした。ぜひ子どもの「困る」姿や「喜ぶ」姿を予想し，その応答を考えることを楽しみながら指導案を書いてみてください。

（佐藤正明）

▷2　子どもが見せる多くの姿の中に学びがあると思います。学びを，学ぼうとする力（関心，意欲など），学ぶ力（思考，判断など），学んだ力（知識，理解など）と分類した時，子どもが見せる姿はどこにあたるのかを考えることも重要であると考えます。

▷3　この授業ではただ紙箱折りの仕方を伝えるだけでなく，紙箱折りを実演しながら伝えるようにしました。3人1組で順番に伝えていくために，3人の机の上に置いた長い布をベルトコンベアーのように動かして，紙箱を回して折っていきながら伝えるようにしました。

（参考文献）

宮崎直男（2005）「学習指導案作成上の留意事項」宮崎直男編著『特別支援教育の学習指導案づくり』明治図書，7-19頁．

Ⅶ 豊かな授業を展開しよう

3 子どもと教師の「ずれ」から授業を発展させる

1 子どもと教師の「ずれ」とは

　授業中，子どもからの「予想外」の発言によって，授業が思うように進まないことはありませんか。こうした教師の予想していた子どもの反応と子どもの実際の姿との間には，しばしば「ずれ」が生じます。

　この「ずれ」をどう捉えるかがポイントです。教師が子どもとの「ずれ」について考慮しない場合，教師の型どおりで一方向的な指導によって，子どもの誤答やつまずきが配慮されない授業が展開します。例えば，「この問題できた人」と教師が一方的に問い，教師があらかじめ予想していた答えが出れば「ハイ，正解。分かりましたか。では次」というように展開していく授業です。間違っている子どもには正解の子どもの答えで確認させ，授業が終わります。そのような授業は，間違っている子どもやつまずいている子どもが本当に分かった授業になっているのでしょうか。

　このような授業では，教師が「ずれ」てはいけないとする考えが強いのではないでしょうか。むしろ，「ずれ」ることに対して，もう少し肯定的に捉える必要があるのではないでしょうか。

2 「ずれ」こそ授業を発展させるチャンス

　教師は授業前に教材解釈を通して教える内容や方法などについての精密な授業仮説を構想します。けれども，授業が進行していく中で子どもの発言などから，「ずれ」が生じてきます。ここで大切なのが，授業過程において現れる子どもの多様な発言＝解釈内容によって，教師が教材解釈で予想した解釈内容を修正して，授業を子どもたちとともに豊かにつくりかえていくことです。

　（1）子どもの要求から授業をつくりかえる：「もう一人の自分」への共感と信頼

　教師と子どもとの間の「ずれ」を放置したまま，子どもからの声が教師の授業中の教材解釈に生かされず，その声が無視されてしまうことは，授業を妨げる要因をつくりだしてしまうのではないでしょうか。例えば，授業中の逸脱行為や離席行為は，子どもの内面にあるニーズが授業の妨害や指導の拒否として表出します。

　一人の子どもの中には，「荒れる」自分と「荒れたくない」自分という「二人の自分」が存在します。授業を妨げる要因となる行為は，「分かりたい」「でき

▷1　子どもと教師のこのような「ずれ」について，上田薫は，授業においてその意義を評価し，授業研究に積極的に位置付けている（上田薫（1973）『ずれによる創造』黎明書房）。

るようになりたい」という願いが，現実には「できない」「どうしたらいいか分からない」といったあせりとして表出され，教師や友だちに訴えているのです。

だからこそ，「分かりたい」「できるようになりたい」という「もう一人の自分」への共感や信頼が必要です。あの子は「荒れる」子だからと固定的に捉えるのではなく，「もう一人の自分」になろうとする可能性を励まし，共感や信頼することが求められます。それゆえ，「ずれ」に対しても，「もう一人の自分」になるための要求として受け止め，要求に応じて授業をつくりかえる必要があるのです。それゆえ，子どもたちの要求を見出すことができる指導観が求められます。

（2）意図的に「ずれ」を仕組む：誤答やつまずきの保障

自閉症児の子どもの場合，成功体験をたくさん積み，安心感を保障していくことが大切です。だから，つまずかないように，先につまずく内容を取り除き，できる内容ばかりをすることが求められたりします。けれども，できる内容にとどまるのではなく，失敗を自分で見つめて乗り越える経験を保障するために，授業でも「ほどよいつまずき」を意図的につくりだすことも必要です。そうすることで，「なぜつまずいたのか」を考える（考え合う）ことで，「つまずき」を克服し，つまずきから学ぶ力を育てることができます。

このように，意図的に「ずれ」を仕組むことで，子どもどうしや教師とともに複数の視点から考え合う関係が生まれ，より理解が深まることにつながります。日常的につまずきという「ずれ」に寄り添うことで，たとえ予想外のつまずきであっても子どもたちとともに，より良い授業へと発展させる契機が生まれます。

3　子どもを学習主体へと高め，「ずれ」を修正する教師の声かけ

先述したように「ずれ」は，授業過程において排除すべきではありません。そうではなくて，「ずれ」が生じるのは，教師の教えようとする「教授主体」とは相対的に子どもが自ら学ぼうとする「学習主体」が現れ始めた証拠です。

それゆえ教師は，学習主体へと高める働きかけが必要です。ここでは，教師の声かけに注目します（福岡教育大学附属福岡中学校特別支援教育部，2013）。例えば，ある子どもが「手伝ってほしい」という意志表示ができ，その後，共同で作業がうまくいったとき，教師が「『手伝ってほしい』と言うと，友だちが手伝ってくれて〇〇がうまくいったね」と，手伝うことを友だちに要求することで，子どもどうしを「つなぐ」声かけや，「手伝ってくれて〇〇がうまくいった」や「〇〇をしたから，〇〇になってよかった」といった子どもの行為を「意味付ける」声かけをすることで，行為の意味や価値をイメージし易くします。また，日常事象の意味付けを日頃から取り組むことで，「ずれ」を修正する技術を身に付けることにもなります。

（吉田茂孝）

▷2　つまずきの程度については，「乗り越えることのできない大きな『つまずき』ではなく，教師や仲間の支援により克服できる『つまずき』であるべきである。『つまずき』が失敗経験として蓄積しないようにするには，『つまずき』は『ほどよいつまずき』でなければならない」（清水貞夫「『つまずき』を授業展開に活かす」渡邉健治・湯浅恭正・清水貞夫（2012）『キーワードブック・特別支援教育の授業づくり』クリエイツかもがわ，94頁）と指摘されている。

参考文献

湯浅恭正・冨永光昭編著（2002）『障害児の教授学入門』コレール社．

福岡教育大学附属福岡中学校特別支援教育部（2013）「平成24年度公開研究会特別支援教育部協議会資料」．

吉本均著，久田敏彦・深澤広明編・解説（2006）『学級の教育力を生かす吉本均著作選集3　学習集団の指導技術』明治図書．

渡邉健治・湯浅恭正・清水貞夫（2012）『キーワードブック・特別支援教育の授業づくり』クリエイツかもがわ．

Ⅶ 豊かな授業を展開しよう

4 子どもと教師が「分かった！」をともに味わう

1 「分からない」ことが「分かる」授業

　ある小学校の算数の授業で，割引された商品の値段を計算するという課題に取り組んでいました。Aさんは「10％引きされた金額を出すために，元の値段に0.9を掛ける」ことが納得できません。教師は，つまずいている子どもが解法のどこまでなら納得できているかを確かめながら，すでに正解にたどり着いている子どもたちに説明を求めました。子どもたちは粘り強く説明しますが，なかなかAさんに納得してもらえません。次第に子どもたちはAさんの「分からない」理由を考え始め，例えば「10％引きなのに掛ける」ことや「0.9とは何か」などの疑問を発見していきました。

　この事例の興味深いところは，「分かっている」はずの子どもたちがなかなか納得のいく説明ができず，様々な「分からない」理由を考えだす点です。「分からない」ところが「分かる」ためには，つまずいている子どもの分かり方に寄り添いながら考える必要があります。子どもたちは，友だちの分かり方に寄り添うことで「割合とは何か」ということを確かめ直していったのでした。

　時には授業の中で，予想もしなかった子どもの反応に直面して戸惑うこともあるかもしれません。しかし，教材研究を徹底的に行い教材のあいまいなところや様々な意見が出そうなところを発見することによって，教師は子どもの予想外の発言を楽しみに待つことができるようになります。

　また，「分からない」ことも大切にするような授業を通して，教師自身にとっても「分かっている」はずのことを見直す機会となり，より深く分かるための新たな疑問とであうことができるようになります。

2 「わかる」と「かわる」

　「分かる」とはどのような状態を指すのでしょう。これについて，「覚える」ことが可逆的である（忘れて元に戻る）のに対して，「わかる」ことは非可逆的である（元に戻らない）という指摘があります（佐伯，1975）。つまり，「わかる」ことは知らない状態から知っている状態へ「変わる」ことであり，知らなかった状態に戻ることはできません。したがって，「分かる」授業は，「変わったぞ！」「賢くなったぞ！」と実感できる授業です。

　しかし，「分かる」ことですぐに「行動が変わる」（できるようになる）とは必

ずしも言えません。例えば，鉄棒の逆上がりは，頭でやり方が分かっていても，体をしっかり持ち上げるだけの筋力がなければすぐにはできません。体の使い方や地面を蹴り上げるタイミングといった「コツ」を何度も試行錯誤して，できたり，できなくなったりを繰り返しながら体得していく必要があります。

　子どもたちが短期間により多くの知識を獲得することや，知識をすぐに成果に結びつけられることを優れていると考える風潮もあります。しかし，子どもが分かろうとするからこそ，つまずきや「分からない」という反応が生じます。教師には，限られた学習期間の中で，子どもたちに「じっくり分かる」学び方を保障していくことが求められています。

③ 「分かりやすさ」と学習内容

　従来，障害を持つ子どもの学習において，学習内容の習得を容易にするためには「スモール・ステップ」[1]の学習方法が有効とされてきました。

　しかし，正しい知識を簡単なものから一歩一歩積み上げていくような学び方では，教えられていない状況にであった時に対応できないという限界があることも指摘されています（渡部，2005）。「○○の次は××する」「○○ならば××する」というような知識を身に付けるだけでは，予想外の出来事が起こる複雑な社会の中で対応していくことができません。

　教えられていないことにも対応できる力や学んだことを生かす力を身に付けるためには，学習内容を小分けや単純化して提示するばかりではなく，複雑な状況や情報を提示する中で，子どもが自ら考え，環境に働きかけながら学んでいく力をつける必要があります。

　また，分かりやすくするために，学習内容を減らし学習目標を低く設定することがいつも正しいとは言えません。学習内容が少ないほどやさしいという学習論がいつでも成立するわけではないという指摘もあります（西林，1994）。多くの人が歴史年表を覚えるのに苦労した経験があると思いますが，情報を少なく限定しすぎるとそれらの知識は無意味な記号でしかなくなってしまい，かえって理解するのが難しくなってしまうのです。無意味な記号として暗記することは，意味のある知識として獲得できないことにもつながります。これでは，「分かった！」と実感できる学習でないばかりか，使いこなせる知識として身に付かないということにもなりかねません。知識を応用できないことを子どもの能力の問題にしてしまうのではなく，どのような知識を教えているのかという視点から省察することも必要です。

（田中紀子）

▷1 「スモール・ステップ」とは，やさしいことから難しいことへと系統的に少しずつ段階を踏みながら学んでいく学習方法のことです。

参考文献
佐伯胖（1975）『「学び」の構造』東洋館出版.
渡部信一（2005）『ロボット化する子どもたち：「学び」の認知科学』大修館書店.
西林克彦（1994）『間違いだらけの学習論：なぜ勉強が身につかないか』新曜社.

VII 豊かな授業を展開しよう

5 授業づくりの先にある生活（社会・文化）とのつながり

1 主体的な学びを通して「つながり」を育む

　学校では，学年・学級・教科・領域などに対応した目標が設定されますが，授業で育まなければならない力は，「社会や文化や人とつながりながら，たくましく，豊かに生きる力」です。「たくましく，豊かに生きる力」は，教えられて育つものではなく，子どもの生活の中で試行錯誤しながら実感を伴って獲得していくもので，すべての授業の根幹となります。「たくましく，豊かに生きる力」の育成は，「知識や技能の習得」ではなく，「自分で考え，判断し，表現すること」がどれだけ豊富に展開されたかにかかってきます。

（1）教師の価値観を押しつけない

　授業は緻密な計画と用意周到な準備の下で，大胆に展開されなければなりません。いっときの言動に振り回されず，先を見通した対応が求められます。子どもは一人一人に思いがあり，個々の生活から導かれた世界観を持っています。教師が考えるとおりにいくはずがありません。▷2

　実際の授業では，指示したり，教えたりなどの支援を必要とする場面がありますが，教師の考えを押しつけてはいけません。教師の考えが優先すると，指示・命令・禁止が多くなったり，子どもの言動をそのつど修正したりして，子どもの生活を否定し，主体的な学びを奪うことになります。

　「教える」ことを重視する教師になるか，それとも「教える」ことを「学ぶ」ことに転化できる教師となるかは，教師個人の価値観・教育哲学によります。

　豊かな授業を展開する教師からは，ハウツーを学ぶのではなく，価値観・教育哲学を学ぶことが大切です。▷3

（2）待つことって案外難しい

　子どもの主体的な活動を確かなものとするためには，じっくり待ちながら，必要に応じて段階的な支援をすることが大切であることを理解していても，実際の授業では待てずに，すぐに教えてしまうケースが少なくありません。▷4　決められた時間でゴールにたどり着かせることよりも，遠回りしても子どもが自分の力で取り組む過程が大切です。「どうしてまだできないの」と思う教師でなく，「そうそう」「いいぞ，いいぞ，その調子」と，自分のことのようにじっくり見守れる教師でなければなりません。

▷1　武田忠（2002）「授業―その深くおそろしき世界への「問い」―林竹二先生に学ぶとはどういうことなのか―」『授業を追求し続けて』授業を考える会。武田忠によると，林竹二は学校で一定のことを教えられている子どもたちの不幸と悲惨さを嘆き，子どもに深く蔵されているたからを掘り起こすことの重要性を繰り返し述べている。なお，前掲書は非売品につき，参考文献を参照してください。

▷2　粘土で同じ作品を作り続ける子どもがいた場合，同じ作品を作るのは困ると思う教師になるのか，それとも，興味を持って作り続けている子どもを見守ることのできる教師になるのか。

▷3　授業研究会では，授業の事実に基づいて，事実の根拠及び根拠となる教師の価値観や教育哲学にまで迫ることが大切です。ハウツーを覚えて，教え方を変えればよいレベルでは，教師自身の学び方を根底から変えることができません。

▷4　1分は短いようですが，実際はかなり長く感じるようです。一度時間を計ってみてもよいかもしれません。

2 「つながる」授業をつくる

（1）文化性のある教材が能動的な表現を育む

子どもが生活でさまざまに感じ，表現し，それを深めていくことが大切です。社会的自立イコール作業学習や現場実習ではありません。造形や音楽や身体表現などの文化性のある教材を通して，能動的に表現することは，子どもたちが生活とつながり，たくましく，豊かに生きる大きな力を形成します。

（2）魅力ある教材が働きかける力を育む

まず，子どもをひきつけるだけの魅力が教材にあるかが問われます。指示の多い教材や失敗が許容されない教材ではなく，試行錯誤しながら興味を持って多様に働きかけられる教材こそ，自分とのつながりや外部に働きかける力を育みます。

（3）共感・共有が教材に働きかける力や表現力を育む

魅力ある教材に，夢中でかかわる過程で発見や驚きがあると，思わず誰かに伝えずにいられないものです。そのときの子どもの気持ちと一体となって共感できるかが重要です。子どもが他者と気持ちを共有することによって，伝える喜びが育まれると同時に，感じて表現する気持ちが育ちます。これは生活とつながる重要な土台となります。

共感は，子どもを観察する姿勢からは生まれません。目で子どもの活動を追うのでは，現象は把握できても，内面を深く感じることができません。そのときの子どもの心情を，まるで自分のことのようにリアルタイムでいとおしく感じる教師にのみ与えられます。そして，子どもは心地よい場所を得て，学びを深めていきます。

（4）成就感・達成感がつながりを育む

成就感・達成感は，指示どおりの活動や比較的簡単にできる活動からは生まれません。ありったけの力を発揮して，できなかったことができたり，驚きや発見のある活動からのみ生まれます。「困ったら誰かに聞く」ことを考えても，がんばればなんとか達成できる課題に取り組んで，どうしてもうまくいかないときに意味を持ちます。「困ったら誰かに聞く」ことをすぐ教えると，成就感・達成感は半減します。子どもが気づくように支援して，自分で気づいてこそ，成就感・達成感が実感できます。困ったときの対処法も身に付きます。成就感・達成感はきちんと評価して，子どもの心に確実に蓄えていかなければなりません。成就感・達成感は自信を生み，この自信がベースとなってコミュニケーション活動も活発となります。同時に，生活（学校・家庭・社会）全体に安定と活気をもたらし，積極的に社会・文化とつながりながら，たくましく，豊かに生きる大きな力となります。

（成田　孝）

▷5　写真は，土粘土が糸で切れたことに驚いて，思わず大きな声で「せんせ〜い，見て！見て！」と叫んでいるところです。大発見です。私もわくわくしながら，すぐそばに行って，「おっ！すごいね！」と伝えて，興奮を分かち合いました。まさに，共感・共有の瞬間，教師冥利の瞬間です。

▷6　作業学習においても，説明の時間が長くないか，単純なことの繰り返しになっていないか，失敗が許容される内容になっているかなどを常に検証したいものです。

▷7　子どもたちが心情豊かな作品を生み出した場合，学校の内外で展示することによって，子どもたちに大きな自信が育まれると同時に，社会参加・つながりがほんものとなります。反面，子どもたちの心情が開花していない作品の展示は意味がありません。

参考文献

林竹二（1981）『問いつづけて――教育とは何だろうか』径書房.

林竹二（1983）『林竹二著作集　7　授業の成立』筑摩書房.

コラム

先輩教師のワザを盗もう

　書店の教育専門書コーナーには様々なハウツー本が並んでいます。若い教師にとって，手軽に手に入り，しかも即使える"how to"の詰まったそのような書籍は魅力的です。しかし，教師としてのワザを磨くためのヒントは意外とすぐそばにあったりします。それが，先輩教師のワザです。

　教師としてのワザを先輩教師から盗むためにはどうすればよいのでしょう。まずは教室に入り，教室内の掲示物を眺めてみましょう。色使い，貼る位置，子どもの作品に対するコメントなど，そこには長年教壇に立ってきた先輩教師の熟練したワザが散りばめられているはずです。例えば，特別支援教育が導入されて，教室前面は，「にぎやかにしすぎない方がよい」と言われています。そういった取り組みがなされているかどうかを確かめて，その意図を聞いてみてください。次に，授業の様子を見てみましょう。教材，板書，指示，発問など，それぞれの工夫があるかもしれません。ただし，ベテラン教師と初任教師が同じ教材をもとに行った，指示も発問も板書も同一の授業でも，子どもたちの学びに大きな差が生まれたという報告があります（稲垣忠彦・佐藤学『授業研究入門』岩波書店，1996年）。このことは，ベテラン教師が授業中の教室内で起こる状況を読み解きながら「省察」「選択」「判断」といった対応（＝「見えない実践」）を展開していることを示しています。先輩教師に直接質問して，そうした「見えない実践」に目を向けることも重要です。

　授業中や生活場面での子どもとのかかわり方はどうでしょうか。先輩教師の動きをよく見てみると，子どもとかかわるときの目線を場面によって使い分けていることや，声かけの仕方がより具体的で子どもにとって分かりやすいものになっていることなどに気づくかもしれません。

　先の報告からも，先輩教師のワザを盗み，そのとおりにすればうまくいくかといえばそうではありません。先輩教師の熟練したワザの「エッセンス」を盗み，自分なりに実践し，振り返っていくことこそが大切なのです。

（甲斐昌平・吉田茂孝）

第8章

子どもとつながる「教材」を開発しよう

VIII 子どもとつながる「教材」を開発しよう

総　説

1　教師は教えるべき内容を単に伝える存在ではない

　教師が，授業において教えたい内容を言葉で語り，丁寧に伝えてもなかなか子どもに届かないことがあります。とりわけ，障害のある子どもにとっては言葉だけではとても難しいのではないでしょうか。というのも，教師の伝え方によっては子どもの受け取り方に困難を伴う場合があるからです。

　そのさい，大切なのは教える内容を教師が単に言葉で伝えるだけではなく，子どもと教材を出合わせ，楽しませたり，考えさせたりすることを通して，教えたい内容を子どもにつかみとらせることです。授業において教師自身がすでに知っている概念や法則を教えるのですが，なかには知っている子どももいるかもしれません。けれども，知らない子どもは当然存在します。子どもたちは知らないから学校へ来ているのです。それを教えるのが教師の役割ですが，子どもが，簡単に理解するのは難しいと考えられます。子どもの「知らない」から「知る」へのプロセスを考えると，子どもが実感したり，納得したりすることは不可欠です。そうしないと表面的な理解にとどまってしまうからです。

　こうした知っている者＝教師が，子どもたちはみなすでに知っていることを前提に教えては，知らない者＝子どもにとって理解することは当然難しいと考えられます。それゆえ，教材といった「見えるもの」を手がかりに，概念や法則などの「見えないもの」を探究する過程が大切なのです。この「見えないもの」を子どもたちにつかみとらせるために，教師は，教材研究をして，子どもに教材を出合わせる，つまり，教材を媒介して子どもに教えたい内容をつかみとらせるのです。そうすることで，子どもたちは，直接，教材（素材，モノ）それ自体に触れて，具体的な活動を介して学習していきます。ただし，教えたい内容を子どもの発達のレベルや生活実態に合わせることなしに，授業は成立しません。

　それでは教材とはどのようなものなのでしょうか。授業を構想するさい，「何を」（内容），「どう教えるか」（方法）を考えます。この「何を」（内容）のところが教材にかかわってきます。教材については「大人と子ども，あるいは子どもと子どもがつくりだしている教育関係のなかに登場し，教育の媒介となるすべての文化財」と述べられています。教材を教科書と考えがちですが，教材とは「教育の媒介となるすべての文化財」と述べられるように，教科書を越え

▷１　教材研究には，教材の存在を前提として出発し，教科内容を明確化すると同時に，子どもの思考過程や応答を予想する教材解釈と，逆に教科内容が確定された後にそれを担うのにふさわしい教材づくりとを区別することができる。（吉本均（1985）『授業成立入門：教室にドラマを！』明治図書，吉本均（1986）『授業をつくる教授学キーワード』明治図書など）。

▷２　中内（1978），14頁。

た広い意味で捉える必要があります。

② 教材を文化として捉えること

　教材について考えるさい，先述の「教育の媒介となるすべての文化財」にも象徴されるように，文化という考え方が注目されています。特に，障害のある子どもたちの授業では，教えたい内容の背景にある文化的な視点をふまえる必要があります。そこで重要なのが，教科の持つ文化的価値としての教材文化の視点です。

　知的障害のある子どもたちに文化を教える教科の学びの意味が問われ，今日でも，提案されています[3]。教師は，教材が持つ文化的価値を吟味し，「教科内容」の世界＝「科学・技術・芸術」といった文化の世界を子どもたちがイメージ豊かに把握できるように，授業過程を工夫することが求められています（例えば，国語では言語文化，体育では運動文化など）。なぜなら，文化を子どもに丁寧に出合わせないと，単なる「教え込み」になったり，楽しさやおもしろさが伝わらず子どもたちの学習意欲がわかなかったりして，授業は成立しなくなるからです。

　教材の持つ文化的価値を授業で教えるさい，今日「言語活動の充実」や「自立活動」における「人間関係の形成」「コミュニケーション」の在り方について注意が必要です。これらは，単に言語活動を実施すればよい，というものではありません。教科内容や文化性を吟味しながら教材と出合わせることが必要です。

　例えば，次のような事例があります。「『国語』には国語としての表現を含んだことばの使用があり，『理科』には理科としての科学的な用語の明確な使用があります。ある知的障害児施設で『氷が解けたら何になる』という質問をしたそうです。すると，多くの子どもは『水』と答えたそうですが，『春』と答えた子どももいたそうです」[4]。このように，その事象をめぐる文化的な背景についても学習する必要があるように思います。

　授業において言語活動を構想する場合，自分の経験や生活，教科の文化性と結びつけながら表現させる必要があります。知的障害児を対象とした特別支援学校中学部国語の授業でも，「イメージする」「表現する」時間を設け，自分の思いや考えを言葉，身体，文で表現させ，教材をめぐって子どもが相互に交わる機会をつくりだしています[5]。

　ただし，機械的にドリルを強いるように，言葉や意味を覚えさせないことです。そこでは，漢字の書き取りの練習に終始するように，一方的に知識やスキルとして文化を教え込むのではなく，教師の教材解釈によって，人類の文化遺産から事物の意味やこれまでの問題解決を学び，学習意欲を喚起させ，教材をめぐって子ども相互を結びつける授業が求められています。

▷3　渡邉健治・新井英靖編著（2010）『特別支援教育における子どもの発達と教育方法』田研出版，小川英彦・新井英靖・高橋浩平・広瀬信雄・湯浅恭正編著（2007）『特別支援教育の授業を組み立てよう』黎明書房など。

▷4　渡辺実（2009）「教育実践で大切にしたいことと学習指導要領の改訂」『発達』通巻第119号，ミネルヴァ書房，69頁。

▷5　田口眞弓（2002）「多様な表現教材と授業づくり：表現における学びをつくる」湯浅恭正・冨永光昭編著『障害児の教授学入門』コレール社，231-236頁参照。

また，教師は子どもとともに，子どもどうしで文化を共有することが大切です。そのために，教師には子どもの多様な解釈を読み解くために教材研究，特に教材解釈が求められます。例えば，土粘土の実践では，子どもの表現特性との関連で授業が構想されています。授業者は子どもの表現特性について述べています。それは，「パターン化した表現の子どもに対して」「レパートリーが少なかったり，具体的な形になりにくい子どもに対して」「偶然できた形や痕跡からイメージできる子どもに対して」「手で直接触るのを嫌がる子どもに対して」等です。このように教材解釈から，子どもの表現特性に焦点を当て，柔軟で具体的な応答予想をすることで，授業展開における個々の子どもへの対応が明確になります。このため教材を解釈することで，子どもは，文化的価値をより一層豊かに学ぶことができると思います。

③ 教授中心の授業か，学習中心の授業か⁉

　教師は教材研究を通して綿密に教材を準備することが求められます。それゆえ，教師は，実際の授業では，直接子どもに対して教えなくて良いように捉えられるかもしれません。しかし，そうではありません。当然教師は子どもを教える＝指導しなくてはなりません。ただし，「教え込み」のような教授中心の授業をするわけではなく，「放任主義」的な学習中心の授業になってもいけません。

　ここで問題なのは，教師があらかじめ教材研究した授業への誘いに子どもがのらない状態です。確かに障害児教育では，教師の働きかけに対して子どもの示す応答や思考を判断することに困難を伴う場合が多いように思います。だからといって，教師の働きかけを後退させれば子どもの学習活動が活発になるという考えになってもいけません。つまり，「放任主義」的な学習中心の授業を強めても，子どもの自主的な学びが授業において成立することはないのです。

　むしろ，「教える－学ぶ」の関係を問い直し，教師は「教える者」＝「主体」，子どもは「学ぶ者」＝「客体」として固定的に捉えるのではなく，教材解釈について演劇を用いて，「作者がはじめに考えていた意図や解釈をさらに深め，自分の解釈を付与していく，そして子どもとともに作品や教材を新しく解釈し，新しい作品として若返らせていくのである」と述べられています。つまり，伝えたい文化を教師は構想しつつ，子どもと共同して，その文化の世界を創造していくのです。そのためには，授業過程における子どもとの関係から，教材を再度解釈していく子どもとの共同の視点が必要なのです。

④ 「教えたいもの」を「学びたいもの」に変える教材のポイントとは

　このように，教授中心か，学習中心かの二項対立的に考えるのではなく，教師の「教えたいもの」を，教材を介して子どもを主体的にし，子ども自ら教材

▷6　これは，成田孝氏の土粘土の実践である（成田孝（2008）『発達に遅れのある子どもの心おどる土粘土の授業』黎明書房）。ただし，成田氏は「発達及び障害の種類やレベルが，先にあるのではない。発達及び障害の一面が，表現特性として現れると考えなければならない。発達や障害によって表現を決めつけたり，発達や障害の先入観によって，支援方法を確定することは避けなければならない」（同書，59頁）と述べたうえで，「教師には，支援の基本的な考え方をしっかり持ちながら，眼前で刻々と変化しながら展開される子どもの表現の特性に応じた，柔軟で具体的な支援が求められる」（同上）と，支援の柔軟性・具体性を強調している。なお，本実践の分析については，同書125-130頁所収の湯浅恭正氏の解説「発達に遅れのある子どもとともに歩む授業実践論」に詳しい。

▷7　吉本均（1988）『続授業成立入門：「呼びかける」指導案の構想』明治図書，210頁。

と対峙し，自分の考えを持たせ，応答させる＝「学びたいもの」にするために
は，教材をどのような視点で考えるかが大切です。教材のポイントについて，
実践現場からの4つの提案を手がかりに考えてみましょう。

> ① 子どもたちの生活の中からイメージしやすい内容であること
> ② 子どもたちの多様な表現が引き出せる内容であること
> ③ 学習活動の中で個別化を図る場の設定が可能な内容であること
> ④ 子ども同士が五感を通して関わり合い，学び合うことのできる内容であること

①では，子どもたちが，生活や社会との関係によって能動的に教材の文化的価値を考え，イメージし，それを②では，すでに分かっている文化的価値を言語をはじめ動作化や書くことなどを通して表現します。そうすることで，自分と生活や社会との関係を理解し，表現することができます。また，③では，共通の学習活動において教材の文化的価値を通して，「分かる」ことを学級の仲間と共有し，深化し合います。こうした学級での共有を前提に，個別の学習活動では，それぞれの発達に応じた異なる学習課題で「できる」ことを広げます。そのさい，④で指摘されたように，教材は，手で触ったり，ひっぱったりして五感を通して互いに関係し合うことで，かかわり合えるものが求められます。

これらのポイントに共通することは，学習は個人的なものですが，表現したり，かかわり合ったりするためには相手や他者が必要であるという意味で，そこでの学習は集団的なものになっていることです。それゆえ，話し合ったり，かかわり合ったりするために言語（表現）を媒介して，文化的価値を学んでいると考えられます。すなわち，1対1での一方的な言葉かけではなく，コミュニケーションに見られる応答関係が大切なのです。また，教師対子どもや，子ども対子どもの1対1の二項関係ではなく，1対1の関係に文化をイメージ豊かに把握できるような教材を加えた三項関係の成立の育成も必要です。

このように，教師は，教材を媒介することで，子どもたちにあらためて生活や社会との関係や人とのつながりの中で学びを実感し，文化的価値を学ぶ広い意味での学力を形成します。こうした機会を得ることで，子どもたちの様々な面が適切に成長・発達していくと考えられます。特に，子どもたちが相手や他者を必要とし，話し合いたくなる＝人やモノと「つながる」ことで，教材の文化的価値が「分かる」ことや，話すことが「できる」という達成感・充実感のある教材を開発することは教師の重要な役割だと考えられます。（吉田茂孝）

▷ 8 髙井和美（2009）「自分から一歩をふみ出す子どもを育てる：自閉症児を含む学習集団の授業づくりを考える 教科指導の実践を中心に」『特別支援教育研究』第626号，東洋館出版社，12頁。

参考文献

中内敏夫（1978）『教材と教具の理論』有斐閣.

村上公也・赤木和重（2011）『キミヤーズの教材・教具：知的好奇心を引き出す』クリエイツかもがわ.

湯浅恭正・冨永光昭編著（2002）『障害児の教授学入門』コレール社.

湯浅恭正（2006）『障害児授業実践の教授学的研究』大学教育出版.

吉田均著（2006）『学級の教育力を生かす吉本均著作集』（全5巻）明治図書.

渡邉健治・湯浅恭正・清水貞夫（2012）『キーワードブック・特別支援教育の授業づくり』クリエイツかもがわ.

Ⅷ 子どもとつながる「教材」を開発しよう

1 子どもの意欲を引き出す教材とは

1 授業の中で安心感と自信を取り戻す取り組みを

　特別支援学級に在籍している子どもには，特別支援学級に就学する子どもと通常学級に就学して，途中で特別支援学級に移籍する子どもがいます。

　途中で移籍する子どもの多くは，通常学級の学習の進み方では，学習がうまくいかなかったり，見通しが持てないために生活がうまくいかなかったり，友だちとのコミュニケーションがうまくいかなくなり，移籍するというケースです。失敗の経験が積み重なり自信を失っていることが多いように見えます。

　効果的な手立ては打てるところから取り組めばいいのだと思うのですが，「分かる」授業を行うことで，「できた」という達成感を持たせることができれば，学習の意欲だけでなく，大部分の行動面の問題も軽減することができるのではないでしょうか。

　一斉指導の中では学習がうまくいかないことから学習に意欲が持てない子ども，なんとか分かりたいけれどどうすればいいか分からない子ども，そして，「分からん，分からん」と大きな声で訴える子どもも心の中では「分かりたい」と思っています。また友だちに手を出してしまう子どもも，友だちに「上手にかかわりたい」という行動の現れです。

2 「見えない」ものを「見える」ものへ

　子どもたちにとって，「分からない」教科内容（＝「見えない」内容）を，「分かる」ようにするためには，「見える」教材（教具）にする考え方があります。

（1）分数タイルを使った分数の学習

　分数の学習の中で，カラー工作用紙を使って，分数タイルを作ります。製作の過程で，1を6つに分けるために線を引きます。1を6つに分けるためにはさみで切ったり，切ったものをセロテープで貼ったりします。製作を通して分数の意味をつかんでいきます。

　視覚的に示すことで，大きさを比べることが可能になり，整数と同じように足したり引いたりできることが理解できます（写真②）。仮分数を帯分数にする学習では，何度説明しても理解ができない子ど

▷1　教えねばならないものとは，教科内容という子どもには，いわば「見えない」ものです。授業とは，教科内容の「見えない」ものを子どもたちに教えることが課題です。教師は，教えねばならないものを教材解釈することから明確化し，「教えたい」ものを教材にします。この「教えたい」ものを，子どもの日常の生活や経験とのつながりから，「見える」教材・教具づくりを行います（吉本，2006）。
▷2　写真①のケースの中には2分の1，3分の1，4分の1，5分の1，6分の1の分数タイルが3枚ずつ入っています。

写真①　子ども用の分数タイル

　自分の分数タイルは必要に応じて支援を受けながら自分で作ります。自分（専）用の教具を作る活動は意欲を高めます。また，自分用の教具があることがうれしいのです。

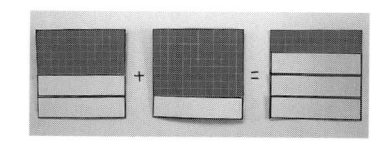

写真②　分数のたし算を視覚的に示す
（4分の2＋4分の1＝4分の3）

VII-1 子どもの意欲を引き出す教材とは

もが，操作を通して，視覚的に示すことで簡単に理解できます（写真③）。

　自閉症スペクトラムのある子どもの中に言葉では分かりにくいが，視覚的に示すことでよく分かる子どもがいます。言葉は消えてしまうためか何度言っても伝わらないようです（何度も言う中で少しずつ説明の言葉や言い方が変わるために子どもを混乱させてしまっているのかもしれません）。説明して分かるのではなく，見て分かる，操作しながら分かるという指導観も重要です。

3 楽しみながら，本質的なことを

（1）全体を視覚的に

　具体物を使って九九を実際に作ってみることも楽しみながら理解を深めます。写真④は牛乳パックで作った箱に2個ずついちごを入れたところです。いちごを入れていくと，2個ずつ増えていく階段の形となって2の段の全体を視覚的に捉えることができるために理解が深まります。

（2）必要感のある教材

　「立方体の辺の数は」という問いには，必要感がありません。ストローを使って，立方体を作る活動を行い，「ストローは何本あればいいかな」と問うことで，必要感が出てきます。作っていく過程で辺や頂点の理解が深まり，子どもたちは集中して取り組みます（写真⑤）。

　完成した立方体は，教室の天井からつり下げたり，壁に画鋲でとめたりできます。

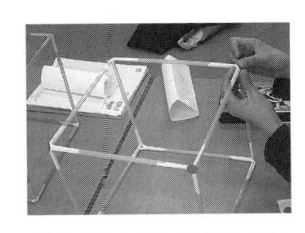

写真⑤　立方体を作る子ども
頂点に，シールを張っていくことで，頂点の数を確認していきます。

4 子どもの触れたくなるものを利用する

　1 mLと1 dLと1 Lの関係を理解したり，量感を持つことができるように具体物の操作を行うことがあります。マスにスライムを入れると子どもの意欲が変わります。取り出して触れることができること，液体より扱いやすいことが理由のようです。また，0.01マスにスライムを入れると0.03＋0.02など視覚的に示したり，操作後取り出して持ってみたりできるので子どもは喜びます（写真⑥）。

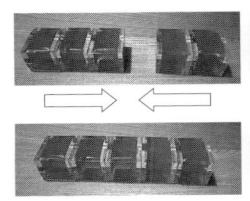

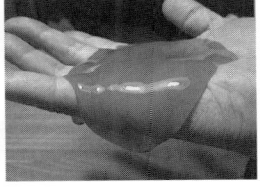

写真⑥　0.03＋0.02の操作

　以上から，教材を子どもたちが見て分かるものにしたり，操作しながら分かっていくものにしたりしながら，教材の本質を明確に示すことができているかが，子どもたちの「できた」「分かった」「楽しい」という実感につながっていると思います。

（森川義幸）

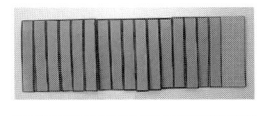

写真③　仮分数⇔帯分数を視覚的に示す

（6分の16＝2と6分の4）

▷3　写真④はかけ算を学習している子どもの写真です。紙皿ではなく，牛乳パックに配ることで，2の段が2，4，6，8…と階段状に完成していきます。

写真④　2の段を作っている子ども

自閉症スペクトラムがある子どもの中には，部分に注目することが多く，全体像を捉えることが苦手な子どももいます。この実践で2の段の全体を視覚的に捉えることができ，2の段のイメージが作られていきました。

参考文献

吉本均著，子安潤・権藤誠剛編・解説（2006）『学級の教育力を生かす吉本均著作選集4　授業の演出と指導案づくり』明治図書.

杉山敏夫（2004）『算数の授業をつくる』群青社.

Ⅷ 子どもとつながる「教材」を開発しよう

2 教材を介してどのように授業を展開するか

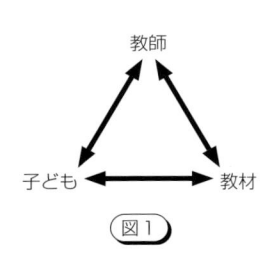

1 「教材を介する」ことの意味

(1) 授業の構造とは

授業の構造は，「教師」「子ども」「教材」の三要素からなる三角形モデルで考えられていました。三角形モデルとは，一般的に認知されている授業構造の一つです。三要素は相互作用を及ぼすという関係性を示しています（図1）。例えば，子どもは教材に働きかけ，教材も子どもに呼びかけるという関係が読み取れます。

では，この三角形モデルの中において，教師にはどのような指導が求められるのでしょうか。その答えの一つとして，媒介的指導を行うことが考えられます。媒介的指導とは，授業を媒介の過程とし，教師は子どもを学習内容に媒介していく役割を持ちます。その媒介という教師のリーダーシップが，媒介的指導と定義付けられています。

その内実は，教師の用意した教材や発問によって子どもを学習内容へと媒介し，活動によって習得させます。つまり，一方向的な教師の伝達によって，理解させるのではなく子どもが自ら気付き，学習内容を習得することに価値を置いています。そのため，活動の基盤である学習意欲の喚起が重要であり，教えたいことを子どもたちの学びたいものにするための教師の手だてが必要です。

しかしながら，教師が子どもたちに「役に立ちそうだね」「おもしろそうだね」といくら語りかけても意味がありません。教材を介して，子どもたちを学習内容の世界に引き込んではじめて，学習意欲を高めることができます。

(2) 教師の役割とは

では，学習内容を子どもたちに媒介するために教師は何をすればよいのでしょうか。その一つとして，教材を中心として授業を展開することが考えられます。教師は，しばしば学習内容を子どもたちに言葉で教え（伝え）てしまいます。そうではなく，子どもたち自身が学習内容を教材から学びとることが必要です。それが，教材を中心に授業を展開することだと考えます。そのさい，教師には学習内容を子どもたちの学びたいものへと転化させることが求められます。子どもたちが能動的に教材とかかわり，自然と学習内容を習得できることが，理想とする授業展開ではないでしょうか。

図1

▷1 ただし，三角形モデルはその相互作用が具体的にどのようなものなのかが不明確である。また，授業が進むにつれて生じる子どもたちの学習内容習得の過程などの動的なものがモデルに表現されていない。このような問題点も指摘されていることに留意したい（吉本，2006）。

2 教材を介して子どもどうしのかかわり合いをつくりだす

　授業とは，学習集団に対して行われるものです。小・中学校，特別支援学校を問わず，教師は授業をするさいに子どもたちの前に立ちます。しかしながら，特別支援教育の対象となる子どもたちに対しては，「個別の支援」という名のもとに教師と子どもの1対1による指導が重視されすぎてはいないでしょうか。個別による学習形態は必要ですが，子どもが他の子どもと触れ合ったり，話し合ったりする機会を奪うことになりかねません。そのうえ，子どもが「私がしなくても先生がしてくれる」と依存的になる危険性もあります。それゆえ，たとえ，個別の指導であっても，学級に「つなぐ」指導や「代弁」する働きかけが教師には求められます。また，集団の中で友だちとかかわり合いながらお互いの考えを交流し，多様な価値観にふれたり，人間関係づくりを通して社会性を高めたりすることは，障害のある子どもたちにも必要な学びです。

　そこで，教材が重要になります。ある特別支援学校で，体育の授業が行われていました。教室の中にボウリングが教材として用意され，教師は安全管理に目を配るだけで，子どもと積極的にかかわろうとはしませんでした。すると，一人の子どもがボールを投げ，ピンを倒すと別の子どもが立て直し始めました。それに対して，ボールを投げた子どもは「ありがとう」と感謝を示していました。この子どもたちは，ボウリングという教材を介して，かかわり合ったのです。このように，子どもが友だちとかかわり合うことができる場面を，教材を介してつくりだしたいものです。

3 単元を通した展開の仕方

(1) 子どもの発達段階を考慮した課題提示

　子どもに提示する教材は，課題性が含まれています。けれども，できる課題を提示しても意味がありません。また，難しすぎる課題は子どもの意欲が低下する恐れがあります。よって，教材は発達の最近接領域をねらうものでなければなりません。発達の最近接領域とは，ロシアの心理学者であるヴィゴツキー（Vygotsky 1896〜1934）が提唱した理論です。子どもは学習において「できること」を学ぶのではなく，「新しいこと」を学びます。それは，一人ではできませんが教師の指導や友だちとの共同のもとでは可能になることです。ヴィゴツキーは「子どもが今日共同でできることは，明日には独立でできるようにな

る」(ヴィゴツキー, 2001) と述べています。そのため, 学校教育では一人ひとりの子どもが, 教師や友だちと共同でならばできることを, 一人でもできるようにすることが重要です。つまり, 単元の初めは, 教師と一緒ではないと達成できなかったものが, 終盤では一人でできるようになるという課題を, 一人ひとりの子どもの発達段階に合わせて提示していくことが望ましいと考えます。

(2) 単元を通した教師の立場

そのさいに, 大切なことが教師と子どもの立場を入れ替えていくことです。単元序盤では, 主導的に教材を子どもに媒介していた教師の立場を, 終盤では子どもが主導となるように変えていくことです。序盤において, 教材を扱う主体は教師です。単元が進むに連れて, 子どもたちは学習内容の意味に気づき, 課題達成の方法が分かり出します。それに伴い, 教師と子どもや子どもどうしの共同から子どもが「一人でもできた」と感じることができるように, 支えることが必要です。そのことは, 「もっとやりたい」といった学習に対する積極的な姿勢を子どもたちに生じさせることでしょう。ここまで子どもを高めることができれば, 自立への道筋を踏み出していけるのではないでしょうか。

(3) 子どもが自ら意思を伝えるために

さらに望ましいことは, 子どもたちを「されるがまま」の状態にしないことです。「先生が言うから取り組む」「みんながしているからする」という消極的な姿勢をつくりだしてはなりません。そうではなくて, 子ども自ら教材や友だち, 教師などに働きかける学びの主体者へと高める必要があります。けれども, 障害のある子どもたちは自己の欲求を, 他者に分かるように表現することが苦手だと言われています。

では, 子どもを学びの主体者へと高めるためにはどのような指導が求められるのでしょうか。それには, 「子どもにとって容易ではないけれど, 向き合える課題提示」と「適切な距離を保ちながら行われる教師の指導」が必要です。まず, 子どもが簡単にできない課題を教材に含み, 既知との矛盾を味わう機会を与えます。子どもの中で, その矛盾がやがて疑問へと変わり, 容易にはできない課題であることを自覚するはずです。教師の視点から見た場合, できない課題にぶつかった子どもの変化はすぐに分かるでしょう。その時にすぐに接するのではなく, 適度な距離感を保つことが必要です。声かけをしたり, ヒントを提示したりしたくなる気持ちをぐっとこらえて, 子どもの方から働きかけてくるのを待ちましょう。ですが, 「困った！」「難しい！」といった感情の表出や「先生, 分かりません」などの要求を引き出す日々の取り組みをせずに待っていても, 子どもが課題解決をあきらめてしまう結果になるだけです。そこで, そうした感情表出のし方や要求の出し方の取り組みが必要です。例えば, 「分からない時はこうする」という習慣を子どもが内面的に自覚できるようにします。その習慣は, 授業や学校生活, さらには家庭で確認し合いながら進めてい

きたいものです。

これらを子どもの実態に合わせて実践し，さらに要求を出す相手を教師から周りの子どもたちに徐々に広げます。そのことが，子どもたちの受身的な姿勢の改善につながるのではないでしょうか。

4 教材を介した自己評価

教師の子どもへの評価は重要であり，自信を持たせることにつながります。しかし，子どもに自信を持たせるためには，他者からの評価だけでなく自己評価も大切だと考えます。「自分はこんなこともできたんだ」「がんばればできるんだ」というように，新しい自分を肯定的に発見することです。このような場を，教材を工夫して設けることはできないでしょうか。

その一例として，課題達成の可否を確認でき，自分を肯定的に評価するための機能を教材に持たせることが挙げられます（自己評価機能）。子どもが「できた」か「できなかった」かを明確に分かるような学習具を作成して授業を展開するのです（福岡教育大学附属福岡小学校, 2012）。その教材を用いた実践として，ある小学校の特別支援学級における算数科（図形）の例があります。その授業では，合同な四角形を作ろうという課題のもと，子どもに提示された四角形にくぼみがあり，作った四角形とマッチングができるようになっていました（写真1）。子どもは，笑顔で「ピッタリ」や「できた」などとつぶやき，満足そうな表情を浮かべていました。成功体験をもとに，子どもが「できる自分」を肯定的に認めるように教材を工夫することが，一つの自己評価の方法として有効なのではないでしょうか。

（今村尚貴・吉田茂孝）

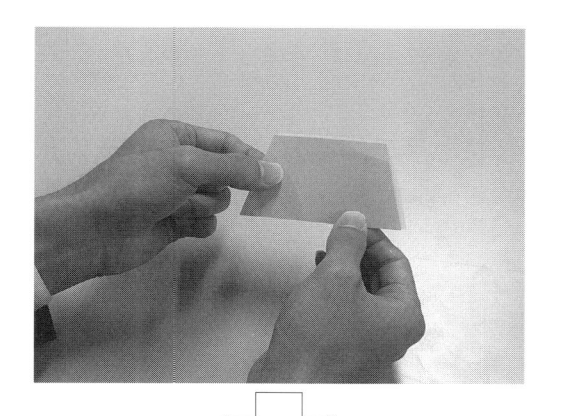

写真1

参考文献

ヴィゴツキー著, 柴田義松訳（2001）『新訳版・思考と言語』新読書社.

岡輝彦・廣瀬信雄（2002）「授業展開の教授学」湯浅恭正・冨永光昭編著『障害児の教授学入門』コレール社, 79-96頁.

福岡教育大学附属福岡小学校（2012）『平成24年度授業づくりセミナー指導案・資料集』.

村上公也・赤木和重（2011）『キミヤーズの教材・教具：知的好奇心を引き出す』クリエイツかもがわ.

吉本均著, 阿部好策・小野擴男編・解説（2006）『学級の教育力を生かす吉本均著作選集2　集団思考と学力形成』明治図書.

Ⅷ 子どもとつながる「教材」を開発しよう

3 子どもと豊かなやりとりができる教材教具の開発

特別支援学級に在籍する子どもの中には，話し言葉の理解に時間がかかる子どもも多いのではないでしょうか。話し言葉は消えていくために，子どもたちは自分のペースで説明を理解していくことが難しい場合もあります。説明を中心にするのではなく，子どもとやりとりをしながら学習を進める方が学びやすいのです。言葉だけでは豊かなやりとりをすることができにくい子どもには，操作をすることで自分の考え方を表出させ，豊かなやりとりが可能になります。

① やりとりのある授業「わりざん」

抽象的な思考は苦手な子どもが多いために，言葉での説明を減らし，実際にフェルト人形に具体物を配る学習活動を行います（写真①～③参照）。

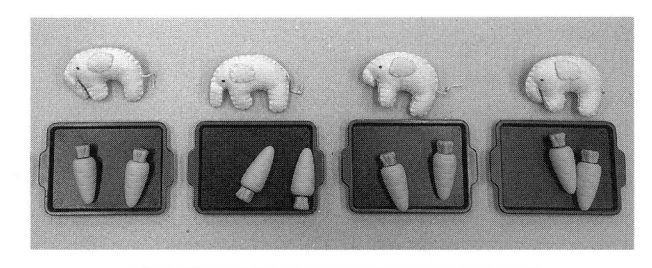

写真① 4頭のぞうに8つのにんじんを配る場面

（1）あてにされる課題設定 ▷1

問題を出す時に，子どもが誰かに頼まれるという場面を設定することがあります。
(例)「子ぶたにいもを配ってほしい」と親ぶたから頼まれる場面

こうすることで，教科書やプリントの問題を解くときとは，子どもの意欲が全く違います。「あてにされているから，期待に応えたい」という思いが感じられます。分ける時は，できるだけ操作する手元を見るのではなく表情や目の動き（視線）を見るようにしています。というのも，「子どもの表情」を見ると「分かった」という顔をする時があるからです。「子どもの視線」からはどこに意識が向いているのか，その結果，どう操作したのかとらえられることもあります。分けた後は，子ぶたにいもを食べさせて，「おいしい」と子ぶたに言わせたり，お母さんぶたにお礼を言わせたりします。

▷1 吉本均は「あてにする（役割期待）-あてにされる関係（応答遂行）」（吉本，2006，33頁）のような関わりをつくりだしていく重要性を指摘しています。また，「子ども＝人間が『その気になる』『やる気になる』のは，他者からの熱いまなざしがかけられ，あてにされ期待されていると感じるときなのである」（同上書，34頁）とも述べています。こうした子どもを取り巻く環境から応答関係を組織することで，子どもは身（心）を開くことができるのです。

〔写真②〕 子ぶたにいもを配る子ども

「Aさんお願い，子どもたちにいもを配ってよ。」

〔写真③〕 「ちゃんと配れたかな」

「Aさん，ありがとうおいしいよ。」

（2）子どもどうしで問題を出し合う

2人で交互に問題を出したり，答えたりする活動を行ったところ，何度も繰り返し意欲的に分ける活動を行う姿が見られました（写真④）。自分で何人に分けるか，いくつずつ分けるか設定しながら，ペアでの学習を楽しんでいます。実際に配ることは，式の意味を考えることにつながります。また，実際に配ることで，操作の過程や結果から正しくできたかどうか子どもが確認できます。教師も操作に即しながら評価がしやすくなります。このように上手に配ることができたという成功体験を引き出しながら，たくさんほめることができます。

〔写真④〕 問題を出し合う子ども

「同じ数ずつ分けてね。」

2 具体的な操作が場面のイメージをつくりだす

1対1対応の力を使いながら，フェルト人形のお客さんにぴったり用意する場面を設定して，たし算やひき算の課題でも，豊かなやりとりを導く授業を行うことができます。

言葉での説明は，今日と昨日で微妙に説明が違ったり，1回目と2回目は説明が変わってしまったりすることが多いのですが，操作はいつも同じです。聞いて理解することが苦手な子どもや，場面をイメージすることがうまくできない子どもにとっては有効な手立てになります。

▷2 子どもの視線を見ていると，しっかり，等しく配られているか確かめながら配っています。切実感があります。「ぼくの分，ちゃんとあるかな」というフェルト人形の（心の）声が聞こえているかのようです。また，それまで1つずつ配っていた子どもが，ある時2つずつか3つずつ配るようになります。繰り返し操作する中で，「3つずつ配ってもまだ配ることができそうだ」という見積もる力が芽生えるのです。このように，子どもの操作過程に寄り添うことで，新たな子どもの動きや発見を位置付け，評価することは，より子どもの身（心）にかかるのです。

3 タイルは共通言語

　タイルは，言葉の理解や表現が苦手な子どもの算数の学習を補うことができ，子どもの意欲も高まる教材です。さらに子どもの頭の中がタイルの操作に現れるので，子どもの操作をもとにその考え方を知り，指導に生かすことができます。

　説明が苦手な子どもも，タイルを動かしながらであれば説明をすることができることも多く，教師とのかかわりや子どもどうしのかかわりも増えていきます。

　「パタパタタイル」を使った実践では，「操作には，演算の意味と筆算過程が内在する」(芳賀，2010，28頁)ため，子どもが10をつくり，10ができたら10の部屋に移動するという操作を通して，筆算の意味を捉えることができるように

タイルが5こと3こで8こ　　　　タイルが5こと2こで7こ

5と5にかぶせる

タイルを2こ移動

タイルが5こと5こで10こ（1本）

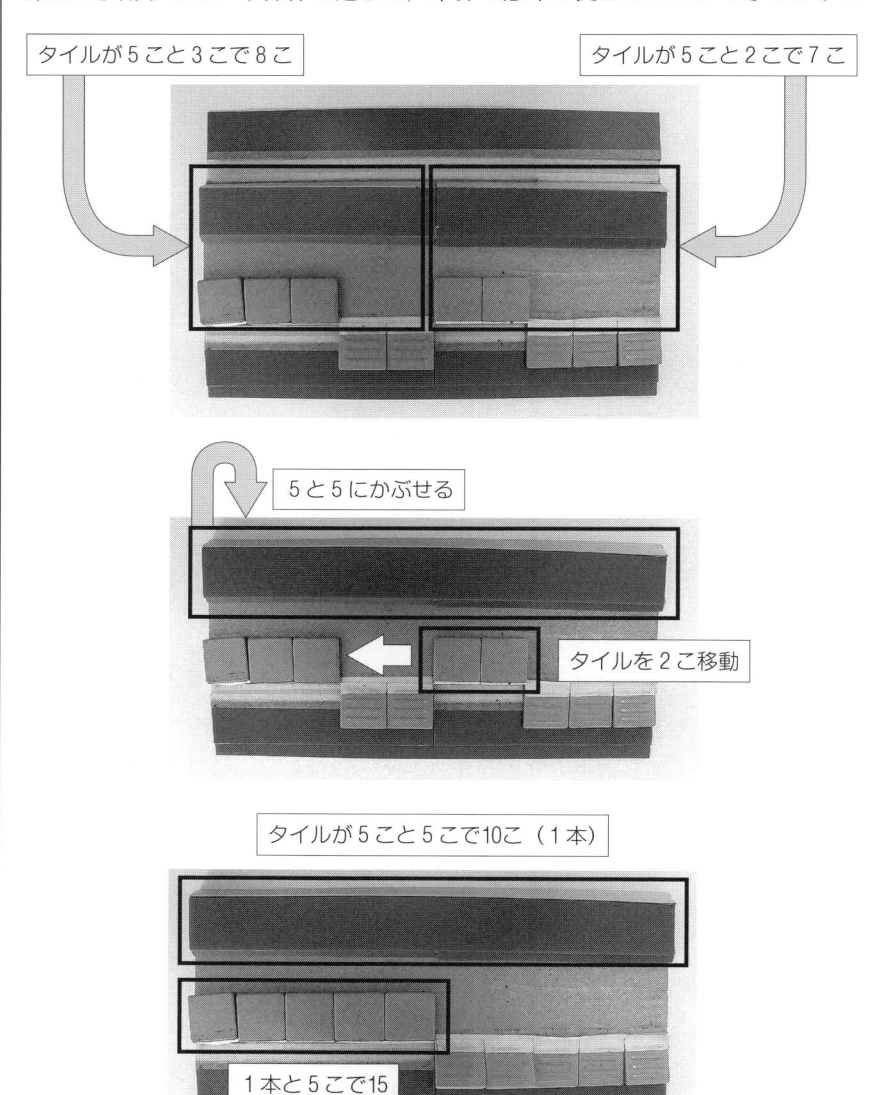

1本と5こで15

写真⑤　8＋7＝15の操作

なっていきます（写真⑤）。

なお，「タイル」とは，1を正方形で表す教具の総称です。半具体物としてタイルを使うことで，計算の仕組みが視覚的に捉えやすくなります。タイルの動きを数に置き換えたものがそのまま筆算になります。

例えば，キューブを使った「パタパタタイル」（写真⑥）もあります。マジックテープを使ってあり，繰り上がるとき10が取り外せるようになっています。

他にも，スライド式のパタパタタイル（写真⑦）もあります。10（1本）がスライドして10の部屋に動くようになっています。

8は5と3

5と5で10，3と2で5

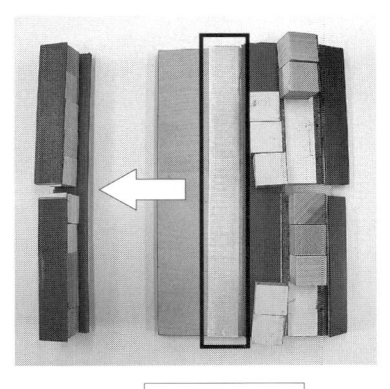

$$\begin{array}{r} 8 \\ +7 \\ \hline 15 \end{array}$$
1本と5個

7は5と2

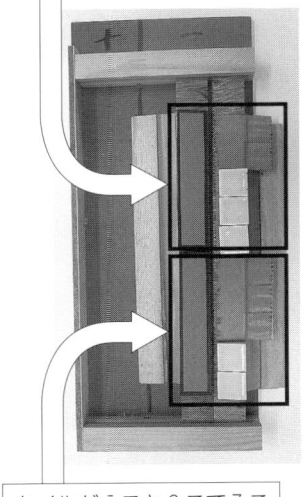

10は外れます。

写真⑥　8＋7＝15の操作

タイルが5こと3こで8こ

タイルが5こと2こで7こ

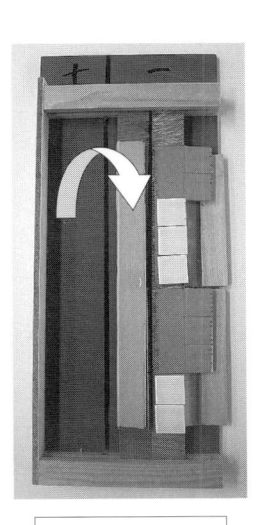

5と5にかぶせる

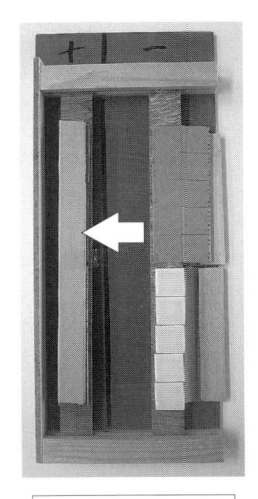

10の部屋に移動し，3と2をまとめる

写真⑦　スライドタイプのパタパタタイル（8＋7＝15）

（森川義幸）

参考文献

芳賀雅尋（2010）『特別支援〈5―2進〉タイルで教える：99までのたし算・ひき算』太郎次郎社エディタス．

吉本均著，白石陽一・湯浅恭正編・解説（2006）『学級の教育力を生かす吉本均著作選集5　現代教授学の課題と授業研究』明治図書．

Ⅷ 子どもとつながる「教材」を開発しよう

4 考える力をつける教材と授業づくり

写真① (事例1：4年目)

▷1 成田孝 (2008)『発達に遅れのある子どもの心おどる土粘土の授業』黎明書房、14頁。9つの観点と内容が示されています。例えば「手ごたえ」の内容は、次の5つ挙げられています。①材料（素材）に適度の、抵抗感、メリハリ、大きさ、重さ、柔軟性などがある。②働きかけに応じる。③道具を使用する（道具の操作性）。④動作（全身、手腕、手指、足など）を伴う。⑤小さな力から大きな力まで対応できる。

▷2 「紙粘土」は芯材を入れて花瓶や人形などを作るにはよいが、べとついたり繊維が絡まって、働きかけに素直に反応しません。「油粘土」は繰り返し使えるので教師にとっては楽ですが、硬くて自由に操作できません。「土粘土」は、教師の労力を要しますが、働きかけに素直に反応します。

1 「何をやらせたらよいか」を克服する

　教師は担当する授業が決まると、対象となる子どもの発達などを基に、「授業で何をやるか」「子どもにどんな活動をやらせたらよいか」を悩みながら考えて、年間指導計画を作成します。年間指導計画には題材・単元名が並べられ、教材を準備して授業が展開されます。ここでは、ややもすると教えたい内容が前面に出て、子どもの主体的な学びの姿が見えてきません。重要なのは、「教師が子どもに何をやらせるか（題材・単元名）」ではなく、「教師が準備した教材を手がかりに、子どもが精いっぱい考えて主体的に学ぶ姿をどのように構想できるか」です。「教える」のではなく、「教えること」が「子どもが主体的に考えて学ぶこと」に、「教えたいもの」が「学びたいもの」に転化してつながる教材でなければなりません。

（1）考える力を育むためには教材にも条件がある

　簡単にできる教材、教師がやり方を説明して課題をなぞる教材、失敗しないための補助具などを用意する教材では、考える力が育まれません。子どもが主体的に学び、考える力を育むためには、以下の観点が教材の条件に求められます。すべての教材をこのふるいにかけ、精選する必要があります。

- ・失敗の許容（判断の尊重）／過程・結果の明快性
- ・主体的活動場面／課題解決場面
- ・人とのかかわりと表現（共同性とコミュニケーション）
- ・複雑な扱いへの対応／正確さの不問
- ・興味関心及び実態への対応
- ・発展性／多様性
- ・手ごたえ
- ・成就感／責任感
- ・活動量の保証

2 素材を「子どもが主体的に考えて学ぶ学習材」に高める

　以下、「土粘土」素材を例に、授業づくりを具体的に考えてみます。

（1）粘土はどの種類を選べばよいか

　代表的な粘土に、「紙粘土」「油粘土」「土粘土」があります。働きかけに素直に応じる「手ごたえ」や「発展性／多様性」などを考えると、残念ながら「土粘土」は必ずしも積極的に採り上げられていませんが、子どもにとってこれほど魅力的な素材はありません。

130

Ⅷ-4　考える力をつける教材と授業づくり

（2）どんな作品を作らせたらよいか

　作品を作ることが，目的であってはなりません。「粘土で遊ぶ段階」の場合は，子どもが粘土と思い切り遊ぶことが重要です。「痕跡からイメージする段階」は，教師が子どものイメージをしっかりと受け止めなければなりません。「イメージに添って大まかに作る段階」や「写実的に作る段階」であっても，自分なりに考えて粘土とかかわることが大切で，作品として完成させることが目的化してはなりません。

（3）テーマの提示は必要か

　写真②は，中学部の作品です。「顔」なら子どもたちが興味を持って取り組むのではと考え，「顔」をテーマとしました。子どもたちは楽しそうに制作し，授業として問題があるとは思いませんでした。その後，「土粘土」の最初の授業で，「おもしろい顔」をテーマとしましたが，子どもたちは「顔」を作ろうとせず，歓声を上げながら夢中になって土粘土とかかわりました。テーマを押しつけていたことを反省させられました。全体及び個々にテーマを示すことが必要な場合もありますが，可塑性に優れる土粘土は，軟らかさ，量，道具，活動場所などの工夫によって，子どもたちが自由に考えて，豊かな表現を展開することを思い知らされます（写真①・写真④・写真⑤）。

（4）一見楽しいのか，真に楽しいのか

　間近で，写真①・写真④・写真⑤のような表現に触れると，活動に夢中になって輝く瞳，ダイナミックな身体の動き，考えながらイメージが膨らむ様子，心の高ぶりや真の楽しさが伝わってきます。土粘土の魅力を思い知らされます。同時に，写真②の頃は，一見楽しそうに活動していますが，大した発見や驚きもなく，教師に「顔」を作らされていたにすぎないことを猛省させられます。写真②の頃は，教師が土粘土の良さを頭でしか理解していなかったのです。

　「子どもが土粘土とどのようにかかわるか」が重要なのに，写真②のように，少ない回数で，作品を作らされることを繰り返されて卒業を迎えることになれば，子どもはたまりません。

（5）長いスパーンで

　考えを深めて表現するためには，素材への習熟が必要で，相応の回数が不可欠です。素材の性質もよく分からないままでは，考えたようにいくはずがありません。授業は1コマ1コマが重要ですが，1コマで完結しなければならないわけではありません。3年，6年，12年の在籍年数で，子どもの高まりを想定することが求められます。事例1は4年間，事例2は6年間の事例です。事例1及び事例2は，中学部及び高等部の「美術」及び「やきものクラブ」で，土粘土と約80～120回取り組みました。写真①・写真④・写真⑤のような表現に到達するためには，それだけの回数が必要であると同時に，「土粘土」とじゅうぶんにかかわれば到達可能なあかしです。

（成田　孝）

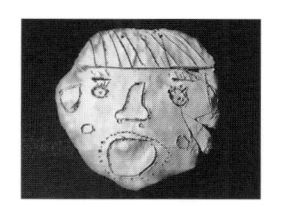

写真②　（事例1：1年目）

写真③　（事例2：1年目）

写真④　（事例2：5年目）

写真⑤　（事例2：6年目）

VIII 子どもとつながる「教材」を開発しよう

5 授業の評価（子どもの姿）から教材の発展・改善へ

1 子どもの姿が教えてくれる教材の意味とは？

　子どもに合った教材を開発するためには，様々な工夫が必要になります。しかし，工夫したわりには教材をうまく使えなかったということがあるのではないのでしょうか。私も「これで子どもたちは喜んで授業に参加するに違いない」と思って開発した教材に，子どもたちがまったく興味を示さなかったり，課題が達成できるようになるために，開発した教材をほとんど使用することなく子どもができるようになってしまったりした経験が多くあります。

　では，どうしてそのようなことが起こるのでしょうか。自分がこれまで開発した教材を思い出してみてください。必ずその教材を使用した時の子どもの姿が浮かんでくると思います。開発した教材が有効であったかどうかを教えてくれるのは教材と出合ったときの子どもの姿です。ここでは，教材を発展・改善していくためには子どもの姿を教師がどのように捉えていけばよいのかを考えていきたいと思います。

2 子どもが成長する過程を大事にして教材を発展・改善させよう

　子どもが課題を簡単に達成できるようにするために教材を開発することは特別支援教育ではよくあることだと思います。この時に，子どもが「できた」という結果だけを見て教材を評価するのではなく，教材と出合ったことで子どもが「どのようにできるようになっていったか」という過程を大事にして教材を評価していくことが重要であると考えます。そのことを強く感じた事例を紹介します。

　生活単元学習の授業で紙箱を折る活動に取り組むときに，脳性麻痺のため手指がうまく動かすことが難しい子どもが，手指を軽く動かせば簡単に折り目をつけて折ることのできる教材を開発しました。教材を使用したことで簡単に紙を折ることはできましたが，できたときの子どもの顔を見てみると何かもの足りないような顔をしていました。そこで固めの紙を用意し，子どもが力をうまく入れて紙を押さえないと折り目をつけることができないようにしてみました。すると，初めはうまくできなくて苦労していましたが，何度か繰り返すうちに折り目をつけて折ることができるようになりました。子どもは満足そうな

▷1　紙箱は広告や新聞紙を使ったリサイクルのものが多く，できた紙箱はゴミ箱などとして使います。紙箱折りの活動は，知的障害児の特別支援学校では作業学習の活動の一つとして行ったり，朝の時間の自立課題として行ったりしています。

▷2　この事例では，初めに教材を用意するときに簡単に折れることを重視した理由として，手指が動かしにくい子どもにとって紙箱折りの活動に苦手意識があるのではないかと考えたことがありました。しかし，手指が動かしにくく，普段は折り紙などの経験もほとんどないからこそ，「自分で折りたい」という気持ちを強く持っていることに，子どもの様子から気づかされました。

表情を見せ，その後は難しい折り方にも挑戦するようになりました。

この事例では，初めは手指が動かしにくいという障害特性にとらわれ過ぎて，手指をあまり動かさなくても簡単にできることを求めた教材を用意したために，子どもは教材を初めて使用した時点では簡単に課題を達成してしまい，「できた」という実感が子どもにはありませんでした。そこで，教材に抵抗感を持たせ，何度か練習することで達成できるようにしたことで，子どもが「がんばってできた」という気持ちを持てるようになりました。このように，できるようになるまでの過程を子どもがどのように取り組むかで，「できた」時の子どもの感じ方は大きく変わってきます。

３ 子どもたちが仲間を意識できる教材を考えよう

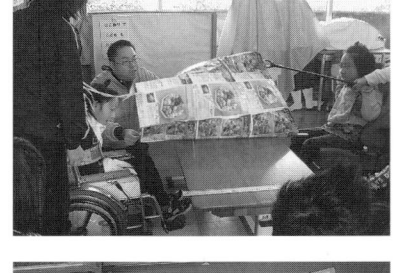

子どもたちに集団で授業を行うときには，子どもどうしが，一緒に学ぶ仲間としての意識を持つことができるような教材を開発することが重要です。私はそのために，子どもたちが協力して活動に取り組むことで，課題達成できる教材をよく取り入れています。その事例を紹介します。

②で述べた紙箱折りの活動で，子どもたちはそれぞれに紙箱を折ることができるようになってきていました。今度は自分で紙箱を折る楽しさだけでなく，友だちと協力して紙箱を折る楽しさも知ってもらいたいと思い，子どもたち全員で一つの紙箱を折る活動を取り入れました。そこで，広告紙を10枚以上貼り合わせた紙を用意して，巨大な紙箱折りに挑戦させました。活動する前に巨大な紙箱の見本を見せ，その中に子どもたちの大好きなお菓子をたくさん入れたり，紙箱の中に子どもたちが入って遊んでみたりしたことで子どもたちの意欲は高まり，紙を二人組で折りたたむ，紙がずれないように手で押さえるなどの役割を交代で行いながら，協力して巨大な紙箱を完成させることができました。

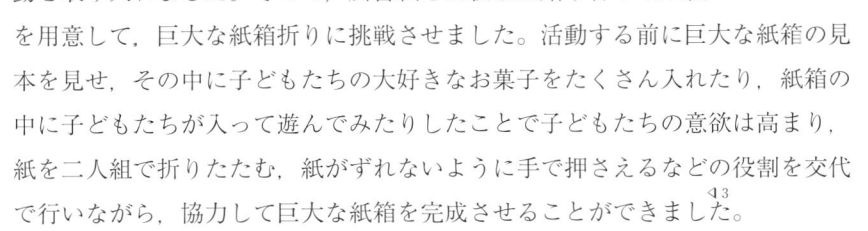

この事例では，紙箱を一人で折る活動から，子どもたちで協力して紙箱を折る活動になるように教材を発展させました。「巨大な紙箱を完成せたい」という思いを子どもたちが共有し，その思いを実現するために活動に取り組んだことで，一つのチームのような仲間意識が芽生えていたように感じます。発達に差異がある子どもどうしが，一緒に学ぶ仲間という意識を持つために，教材は大きな役割を果たしています。

子どものこれまでの姿から授業を評価し，教材を改善・発展していくことで，教師が願うこれからの子どもの姿に今の子どもを近づけることができます。子どもの成長とともに，教材も成長させていくように心がけることが大切です。

(佐藤正明)

▷3 子どもたちが協力して作った巨大な紙箱は，学校祭で紙箱の折り方をお客さんに伝える内容の模擬店を開いた時に，ディスプレイとして店の目立つところに掲示し，お客さんを驚かせることができました。

参考文献

湯浅恭正（2012）「授業づくりのポイント」渡邉健治・湯浅恭正・清水貞夫編著『キーワードブック特別支援教育の授業づくり』クリエイツかもがわ，8-22頁．

赤木和重（2010）「抵抗のある教具が見たい気持ちを引き出す」村上公也・赤木和重編著『キミヤーズの教材・教具』クリエイツかもがわ，121-125頁．

コラム

子どもの生活と授業がつながる

　知的障害のある子どものたちの学習では，単に知識・理解を獲得することを目的とした学習ではなく，その内容を生活の中で生かせるような学びや目の前に広がる世界の見方や感じ方の変容を促すような学びを保障することが大事だと思います。

　学習活動を終えた後でも余韻が残るような学びを積み重ねること，つまり，非日常の学習が日常の生活とつながった学習に転換されるような学びを体験することで，子どもたちの世界は少しずつ広がり，豊かなものになっていくと思います。

　これまでの実践から，学習と生活がつながり，子どもたちの生活に変化が見られた事例を紹介します。

【エピソードⅠ】学習と生活がつながった
〈詩「かいだん」（せきねえいいち作）の学習から〉
＊知的障害のある子ども12名が，初めて一斉学習で詩の授業を体験したとき，いつも通っている階段を「かいだんだん」（詩の中に出てくるフレーズ）と口ずさみながら上り下りする姿が見られました。
　　　　　　↓
　詩の持つリズムのおもしろさを体感したことで，いつも目にする階段を見る目が変わったのです。階段を上り下りするリズムと詩のリズムが一致することに気づき，そのおもしろさに浸っていたようです。学習した内容が具体的な生活とつながった瞬間です。学習内容が子どもたちの心に言葉のおもしろさの余韻として残ったのでしょう。

【エピソードⅡ】自分だけの世界を超え，自分から他者とかかわれた
〈詩「小さい大きい」（こうやまよしこ作）の学習から〉
＊「あいうえお」はどう読むの？「あいうえお」はどう読むの？　自分の世界に浸ることが多かった自閉症の子どもが，詩の授業を通して自分で気付いた言葉のおもしろさを他者に伝えようと，主体的にコミュニケーションをとる姿が見られました。
　　　　　　↓
とても純真な疑問（母音に濁点や半濁点を付けたらどう発音するのだろう？）に驚くと同時に，自閉症の子どもが自分の世界を教師に垣間見せる事実に，彼とのコミュニケーションの可能性を実感できた瞬間でした。

（高井和美）

第 9 章

授業を振り返る力をつけよう

IX 授業を振り返る力をつけよう

総　説

1　「いい授業」をするために

「いい授業をしたい」ということはすべての教師が願うことではないかと思います。しかし，教師になって最初からいい授業ができるわけではなく，うまくいかないとくやしい思いをしたり，自分の能力のなさを嘆いてみたり…，誰しもそんな試行錯誤を避けて通ることはできないし，それが力をつけるうえで必要ではないでしょうか。ただ，その試行錯誤だけで「いい授業」ができるとは限りません。また，経験年数が増えてくれば「いい授業」ができるのか，というとそういうわけではありません。そこには，やはり「いい授業」をするためのコツがあると思います。

研究授業を行うと，授業者自評というのがあります。「本日は授業を見ていただいてありがとうございました」に始まり，「あれもできなかった，これも課題…」というような話をし，「よろしくご指導ください」と結ぶ…というイメージでしょうか。それは往々にして「うまくできませんでした」という言い訳のように聞こえてしまいます。それに対して参観者から「研究授業大変だったね，ご苦労様」という話で授業者も終わった安堵感でほっと一安心する。

そんなことが「いい授業」につながるとは残念ながら思えません。授業の反省を「いい授業」につなげていくためにはどうしたらよいのでしょうか。そのことを考える視点として「授業のリフレクション」ということを考えていきたいと思います。

2　リフレクションとは

リフレクションとは何でしょうか。リフレクション（Reflection）とは，反射，鏡等に映った映像，投影という意味と自分の過去の行動等を振り返り考え直すことという意味があります。授業におけるリフレクションとは主に後者で，「内省」「省察」という言葉で示されたりします（本書では「省察」をリフレクションの訳語とします）。端的に言えば「振り返り」ということですが，具体的に何を「振り返れ」ばよいのでしょうか。このことを改めて考えてみましょう。

3　何をリフレクションするのか

授業の要素を大ざっぱに整理すると，①教師の指示・指導・活動，②子ども

▷1　斎藤喜博は「格調の高い授業」として「教材の持っている本質的なものと，教師や子どもが，その教材に対して最初に持っている，イメージや解釈や疑問，また，学習の展開の過程のなかで，それぞれの心のなかにつくり出されていく，疑問や問題や解釈や興味を，たがいに結び合わせ，激突させ，追求していくことである」と述べている（斎藤喜博（1963）『授業』国土社）。

の反応・応答・活動，③教材・教具，の3つに分けられます。このうち，③の教材・教具については，授業のねらいに即して，それがねらいを達成するために有効であったか否か，で振り返ることが妥当でしょう。通常の教育では教科書が教材になるわけですから，その教材を有効に活用できたか，十分に教材の力を使えたのか，ということも含まれます。

　問題は，①と②です。単純に教師の指示・指導・活動といっても，身振り手振り，発する言葉のリズム，イントネーション，声の高低，間のとり方，教室などの場所で，どの位置で，視線はどこに向けながら行動するのか等，たくさんの要素があるので，そのすべてを「振り返る」ということは難しい側面もあります。

　そこで，ここではあくまで，リフレクションする内容として①教師，②子ども，③教材・教具の3要素がある，ということを押さえる程度にとどめておきましょう。

❹　どのようにリフレクションするのか

　授業を行ったときに，意外とその授業の展開された内容を忘れてしまっていたり，覚えていなかったりという経験はないでしょうか。そこで注目したのが授業をビデオに撮ることです。ビデオは，カメラのレンズが向けられたところしか映しません。それゆえ，授業のすべてがそこに映るわけではないのですが，撮りっぱなしにしておけば，自分が授業の中でどんな発言をし，どんなイントネーションで言葉を発したのかはかなり正確に振り返ることができます。

　こんなエピソードがあります。算数の授業で，プリントをやっているとき，ある子（Aさん）がとなりの子（Bさん）にさりげなく答えを教えていて，Bさんがそれを聞いて自分でプリントに書き込んでいました。授業者であった筆者は，当然できないと思っていた問題をBさんが答えていたのを見て大喜び。しかし，AさんがBさんに答えを教えていたのを見落としていたのでした。ビデオで，Aさんが教えているシーンを見たときに，「ああ，ここを見落としていたなあ。子どもにうまく騙されたなあ。まだまだ授業中の子どもの様子をしっかり見れていないなあ。」と反省した次第です。また，そうした振り返りをしたことで，授業中にもっと子どもを丁寧に見よう，という思いを改めて強くしたものです。

　もちろん，ビデオを撮るということは一例です。必ずしもすべての授業をビデオに撮るべきだとは思いません。ビデオを見る作業そのものに時間をとられるということもあります。短時間に効率よく「振り返り」をしなくてはいけない，そうした工夫が必要な場合もあるでしょう。その授業に参加した先生方で集団で論議してもよいでしょうし，気がついたことを断片的にでもメモを書いて，そのメモをもとに振り返るなど，その方法は状況に応じていろいろと考え

▷2　清水貞夫はビデオを利用する利点として「子どもの言動を視聴覚的に把握できること」「授業者本人が気づかなかったような子どもたちの言動を事実として再現してくれ」ること等を指摘している（清水貞夫（2000）『障害児のための授業づくり』全障研出版部）。

られると思います。大事なのは，できるだけ授業そのものの事実と向き合い，客観的に振り返ることができるかどうか，ということだと思います。

5　リフレクションではどのようなことに気をつけたらよいのか

　授業は45分なり，60分なりの一つの区切りがあります。その時間で目指すねらいがあります。そのねらいの達成のために授業を行うのですから，まずはその視点ははずせません。しかし，それだけではなく，その単元なり，全体計画なりの中でのその授業の位置付け，あるいは，その日の教育活動，その週の，その月の，その学期の教育活動の中でのその授業の位置付けはどうなっているのでしょうか。極端に言えば，「教育課程の中においてのその授業」という視点で授業を「振り返る」ことができるのかどうか，この点が大きいと考えます。

▷3　新井英靖は，授業評価において，次の授業の改善といった「ミクロな視点」と広く教育課程づくりへと発展させる「マクロな視点」の両方を持つことの意義を強調している（新井英靖「授業評価と教育課程づくり：授業改革のシステムをつくる」湯浅恭正・冨永光昭編著（2002）『障害児の教授学入門』コレール社）。

〔授業を連続性という視点で大きく見る〕

【昨日の授業】　　【今日の授業】　　【明日の授業】

前の時間の授業
その時間の授業
次の時間の授業

※時間軸と教科別に見ることも重要です。

　逆に言えば，教育課程全般を考えたときに必要ならばその授業を変えていくことも辞さない，という姿勢です。このことは意外と簡単ではありません。教師の「授業はこうあらねばならない」という思い込みが邪魔をしたりします。授業のリフレクションを行うとき，教師にはよりしなやかな柔軟性が求められているといってよいでしょう。授業を振り返るとき，常にそうした意識を持って臨みたいものです。

6　教師が他人の目を気にするとき

　特別支援学級や特別支援学校の授業においては，複数で授業を行うことが一般的でしょう。新規採用の新人ならば，先輩の教師と一緒に組んで，最初は指導や指示を受けながら，授業に参加することからスタートするでしょう。新人がなかなか自分の意見を通して授業をすることは難しいかもしれません。先輩から「授業はこうしていくんだ」という指導を受けてしまうと，なかなか先輩の教える授業の枠からはみ出せなくなるということもよくあります。

　そうした先輩なり，同僚なり，自分以外の他者から見られているときに，最

初はどうしてもその目を気にしがちです。授業に対する考え方が違えば、さらにその目を意識せざるを得ないでしょう。

　このように他人の目を気にすることは、仕方のないことです。けれども、授業のリフレクションという視点で見たときに、他人の目を気にするあまり、冷静に客観的に「振り返る」ことができなくなってしまうという欠点も持っています。

　では、どうすればよいのでしょうか。まずは、率直に授業について話し合える、語り合える仲間をつくることではないかと考えます。教員になると、初任者研修等、研修が多くなりますが、そこでは同じ立場の初任者がいて率直に情報交換ができたりします。研修の大変さばかり強調されるきらいはありますが、研修を有意義に活用したいものです。また特別支援学級の担任ならば自分から積極的に他の学校の特別支援学級の担任とかかわっていくことが必要になるでしょう（自校には、同じ特別支援学級の担任が何人もいないからです）。ともに授業を語り合える仲間がいて、その関係の中で切磋琢磨することで、次第に自分に自信を持ち、他者の視線もそれほど意識せずに授業をしていけるようになるのではないでしょうか。

⑦ 教師集団と授業の振り返り

　さきほど、「特別支援学級や特別支援学校の授業においては、複数で授業を行うことが一般的」と述べましたが、そうした複数の教員が一つの集団として、授業研究を行ったり、授業の省察ができるようになることが一つの理想ではないかと思います。筆者は14年間同じ特別支援学級で実践を進めたことがありましたが、14年間同僚の入れ替わりはあったものの、教師集団として、ともに同じ方向を向いて研究や実践を行った経験を持っています。

　それは簡単にはいかない部分もありますが、そうした教師集団の成長があると、そこに新たに加わったメンバーを集団で育てていくことができ、いい循環ができるという体験をしてきました。授業の振り返りも、そうした集団の中では非常に前向きなポジティブなものとして行えるのではないでしょうか。

　逆に言うと、なかなかそうしたいい教師集団に出会う、所属するということが難しい場合もあるでしょう。「指導力不足教員」と呼ばれるような先生が一部いることも残念ながら事実です。そうした現実とも向き合いながら、子どものために「いい授業」をする、その目的を達成するために授業と真剣に向き合う、そのことが授業をリフレクションすることだと考えています。

（高橋浩平）

▷4　喜田正美は「思想信条が異なり、教育観・子ども観・障害観・発達観がちがう先生の集まりが教師集団であり、そこでの共通理解やチームプレーといっても、現実には一枚岩のようなものは存在しないと考えた方がよい。そこには当然、対立があり妥協がある」と指摘、自分だけでなく、「集団における自分の位置や役割を自覚」することができないとうまくいかないと述べている（喜田正美(1980)『障害児の発達と教育課程』ぶどう社）。

▷5　今津孝次郎は指導力不足教員について、正面から取り上げて解決に取り組むことが「学校への信頼を回復」、「教師の質を厳しく問い直す契機ともなる」と指摘している（今津孝次郎(2012)『教師が育つ条件』岩波新書）。

IX 授業を振り返る力をつけよう

1 授業を評価する視点を持とう

1 授業の評価

無我夢中で授業をしていると，授業を振り返ったり，その授業そのものを評価したり，ということがなかなかできなかったりします。おのずと授業を振り返るのは研究授業の時だけ，ということになりがちです。しかし，教師が毎日行っているのは授業です。子どもたちが力をつけていくのもまた授業です。授業の充実のためには授業の評価は欠かせません。本来ならば全部の授業を評価することが必要だと思いますが，忙しくなってしまうとなかなかそうもいかないというのが現実でしょう。そうした状況でも授業を評価することができる方法を考えたいと思います。

2 授業を評価する視点

東京都教育委員会では，「授業力自己診断シート」として44の項目を挙げています。「授業改善を目指し，研修に進んで取り組んでいる。」という項目から，「振り返りを基に，問題点を明確にして次の計画に生かしている。」まで，「当てはまる」「だいたい当てはまる」「あまり当てはまらない」「当てはまらない」の４段階で評価していきます。内容は広範囲にわたっています。これはこれで一つの試みとして評価しながらも，様々な授業で対応できるよう，自分の中で再構築していく必要があります。

筆者は，授業の評価を行うときに次の３つの視点を大事にしています。

① 授業のねらいは何か。
② その授業のねらいを達成するために，どのような手立て（方法）をとったか。
③ その手立てで子どもがどう変化（変容）したか。

この３点について解説します。

3 授業のねらいは何か

この授業で何をねらいとしたいのか，よく分からない授業があります。まずはねらいをはっきりさせる必要があるでしょう。次にそのねらいは子どもの実態にとってふさわしいものであったか，ということが問われます。

ねらいが明確であることが，授業者にとってはまず求められますが，そのね

▷1 東京都教育委員会では，授業力を「使命感・熱意・感性」「児童・生徒理解」「統率力」「指導技術（授業展開）」「教材解釈・教材開発」「『指導と評価の計画』の作成・改善」の６つの要素に整理している。その要素に沿って44の項目を挙げ，授業力自己診断シートを作成している。

らいが子どもの実態に応じて適切なものなのかどうかはしっかりと検討されなくてはいけません。

例えば「おもちゃで楽しむ」というねらいを設定します。「楽しむ」といっても、おもちゃを見て楽しめればいいのか、実際にそのおもちゃを使う行動をとることが楽しむことなのか、そのおもちゃで友だちと一緒になって遊ぶことが楽しむことなのか、それぞれの子どものねらいを具体的に考え、整理し、説明できるということが大切です。

何も工夫しなくても、そのおもちゃさえ出せば、子どもが楽しんで遊んでしまうならば、そのねらいは子どもの実態からすれば不適切だと言えます。わざわざ授業をしなくてもできてしまうからです。そのままでは達成は困難だが、手立てや工夫をすることで、達成できることがねらいとされるべきです。

このときに、指導案にそうした「具体的なねらい」を書くべき、という考え方もありますが、筆者は指導者がその具体的なイメージを持っていれば、わざわざ文字化しないでも、「楽しむ」でいいではないか、という考え方をとります。

それは、具体的なねらいを設定することで、逆に、その子の可能性や行動を制限してしまうことが往々にしてあるからです。「○○くんとキャッチボールができる」というねらいを設定してしまうと、指導者は○○くんとキャッチボールをさせることにやっきになってしまったりします。具体的なねらいをイメージとして持ちつつ、そのねらいを越えて子どもがより高いところまで達成できるという可能性を否定することがあってはならないと考えています。

4 どのような手立て（方法）をとったか

前項で、何もしなくてもねらいが達成できるのであれば、それは授業のねらいとは言えないと指摘しました。授業者は、ねらいを達成するために、何らかの手段をとらなければなりません。授業者がどのような手段をとったのか、が明確になっていることが大事だと言えましょう。

例えば「物語を読む」というねらいを達成するために、絵本を使う、ペープサートを使う、ビデオで動画を見せる、登場人物になりきって読む、等の手立てが考えられます。子どもの実態に応じて、どのような方法が良いのか、吟味されたうえでの方法か、という検証も大事でしょう。

5 子どもがどう変化（変容）したか

ねらいを達成するために手立て（方法）をとったとしても、子どもに変化・変容が見られなければ、その手立て（方法）は有効ではなかった、ということになります。子どもがどのように変わったのか、変わらなかったのか、その点をきちんと振り返ることが重要です。

（高橋浩平）

▷2 個別指導計画が教育現場に入ってきたときに、短期目標で「目標はできるだけ具体的に」ということが言われた（東京都教育委員会（1997）『障害のある児童・生徒のための個別指導計画Q&A』）。この具体的な目標を持ちつつも、一方で高いレベルまで可能性を引き出すイメージも必要である。

IX 授業を振り返る力をつけよう

2 授業に参加しない子どもをどう評価するか

1 席には座っていないけど…

　授業中，他の子が席に座って指導者の説明に耳を傾けているのに，ある子だけが，席に座らず歩き回っている…。その場面だけを見ると，一見，その子は授業に参加していないように見えます。「まず席に座らせないと」「先生がそばについてやらせないと」といった意見も出ます。でも，もう少し丁寧に子どもを見てあげてください。離れた場所からときおりチラッチラッと目線を指導者に向けているかもしれません。指導者の言葉や問いかけにブツブツと何か反応しているかもしれません。「授業に参加していない」とすぐに決めつけるのは早計と考えた方が良いでしょう。

2 そもそもつまらなければ席には座っていない

　筆者は，「まず着席行動を獲得させる」という考え方に対して，「そもそも授業がつまらなければ席には座っていないでしょう」と考えてきました。「授業に参加していない」と評価するのであれば，その原因は授業者の側にあると考えるべきでしょう。それゆえ，「できなさを子どものせいにしない」が鉄則だと考えてきました。授業がうまくいかないときに，できなさを子どものせいにしていないか，謙虚に考えてみる必要があるでしょう。

　もしそうであるならば，授業の設計そのものを抜本的に見直すことが求められます。現実にはなかなか大胆な変更ができない，ということがあると思います。しかし，変更をおそれるあまり，「授業に子どもを合わせる」ことになっていないか，ということは留意すべきだと思っています。

3 丁寧な見取りをどのようにするのか

　一見，「授業に参加していない」子どもの見取りはどうすればよいのでしょう。一番効果的だと筆者が考えているのが，その子のそばにいた指導者からの聞き取りです。メインの授業者には伝わらないような子どものつぶやきをサブの指導者が聞き取ってくれて，「こんなことを言ってましたよ」と伝えてくれると，「ああ，この子はそういう理解をしているんだ」と分かることがあります。

　また，ある程度長い期間の中で評価するという方法があります。一回目の授

▷1　学校現場では着席行動がとれることがなかば当たり前になっている。これは通常学級での教育の影響が大きいと思われる。今は，以前ほど着席行動はきびしく指導されていないようにも感じるが，現実は様々であろう。着席行動の是非を問うというよりも，それがどのような必然性があるのか，といった視点で検討する必要があろう。

▷2　特別支援教育の授業では，TT指導が多く，そこではチーフとサブの役割に分かれるが，サブの指導者の動きの良し悪しに授業が左右されることが多くある。新井英靖はサブの指導者はチーフの単なる「サポート役ではなく，指導案の中にその動きが綿密に記述され，指導者の一人として明確に位置付けられていること，すなわち，授業設計の一部となっていなければならない」と指摘している（新井英靖・高橋浩平（2008）『特別支援教育の実践力をアップする技とコツ68』黎明書房）。

業の時はほとんど席に座っていなかったけれども，二回目は，少し座っていた。三回目は教材に目を向ける時間が増えた。四回目は教材のそばに寄ってきて見ていた，等と長く観察することで見えてくることもあります。

❹ 授業に参加できない要因は何か

　いろんな角度から観察しても，やはり「授業に参加できていない」と評価される子どももいるでしょう。そのときは，授業に参加できない要因は何かを探る必要があります。感覚過敏の子どもは，ちょっとした音，視覚的な刺激，におい，皮膚感覚等の違和感が気になって授業に集中できない，ということもあります。指導者の声のトーンが気に入らない，ということもあります。消しゴムが本人の決めた所定の場所に置かれていないなど，「えっ，こんなことが気になっていたのか」というケースもありました。あらゆる可能性を検証するべきでしょう。

　授業の進め方や，活動の順番なども大きな要因です。よく指摘されるのが，ある活動を一人ずつやっていく場合の順番です。指導者は指導者の考えから順番を決めて，それを進めていこうとしますが，子どもにとっては，「やってみたい！」と思ったときに「順番だから待っててね」と言われるだけで気持ちが萎えてしまう，やりたくなくなってしまう，ということがあります。子どもをよく観察して，瞬時に判断していく，そういった柔軟性が求められます。もちろん最初からうまくはいかないでしょう。しかし，そういう発想を持てているかどうかが重要だと考えています。あまりにも何も考えないで「席順にあてていった」「名簿順にあてた」程度の理由で順番を決めていることはないでしょうか。

❺ 改めて子ども理解を深める

　以前，「なまはげ」が出てくる算数のテキストを授業で使っていた時，ある子どもの保護者が「決して教材の批判ではないのですが…」と前置きして，「うちの子はなまはげが怖いんです」と話してくれたことがありました。

　その学習グループの他の子どもたちは，そのストーリーにノリノリで，盛り上がって授業をしていたので，その子は「ノリが悪いな」くらいの気持ちで見ていたのですが，保護者の話を聞いてその子どもの思いを深く見取れなかったことを反省しました。

　「授業に参加できないこと」を単なる問題として捉えるのではなく，その子どもの見取り，子ども理解を授業者としてしっかりとできているのか，その視点で振り返ることが重要であると思っています。ある程度教員としての年数を経て，今感じることは，「昔は子ども理解がまだまだだったなあ」という思いです。授業をつくる人は，そういう点で常に謙虚でなければならないと強く感じています。

　　　　　　　　　　　　　　　　　　　　　　　　　　　　（高橋浩平）

IX 授業を振り返る力をつけよう

3 実践記録を書こう①
―― 子どもの内面を記述する

1 実践記録を書くことの意義

　最近の教師の中には書くことが苦手な人が増えているように思います。しかし，教師たるもの，書くことについて一定の力は持っていてほしいと願います。授業をやりっぱなしにしない，授業を振り返るためにも「文字に書いて考えを整理する」という作業は必要です。

　過去，多くの優れた授業者が自分の実践を文章化してきました。それは「実践記録」と呼ばれ，その「実践記録」から学ぶことも，また多いと言えます。ここでは，その「実践記録」を書くために留意する点をいくつか整理したいと思います。

2 改めて教師の子ども観を考える

　前節で「子ども理解を深める」ことを述べましたが，「子ども理解」を進めるうえで，改めて教師の子ども観を考えてみたいと思います。

　子ども理解というときに，意外と固定観念に縛られている，ということはないでしょうか。「障害があるから…」「以前こうだったから…」「今までこういう指導を受けてきたから…」，そのすべてを否定するわけではありませんが，それが固定観念になってしまう危険性もあるのではないでしょうか。

　1970年代の障害児教育の教育実践において「子どもを丸ごと捉える」ということがよく言われていました。しかし，これはなかなか難しいことだと思います。

　「子どもの実態把握」といえば，アセスメント流行りで，発達検査の読みとりが専門性と言われるような昨今です。アセスメントを否定はしませんが，やはり，それは子どもの一つの側面にすぎないのではないでしょうか。

　筆者は，先述した固定観念，先入観はとりあえず横において，そのありのままを受けとめて，その子を見ていくこと，アセスメントはその子どもの一側面と認識し，そのことに左右されないこと，が大切だと思っています。

3 授業の中で子どもの内面世界に寄り添う

　授業の記録を書くときに，授業の設計図として文字化している学習指導案をもとに書いていくということがあります。その中で，子どもの反応や行動をど

▷1　清水貞夫は「授業づくりの見直しは，自らの子ども観の吟味から出発すると言えなくもない」と指摘し，例として「障害児はのみこみが悪いながらも同一のことを繰り返し訓練すれば少しずつ身に付くと考える子ども観をもつ教師は，子どもが自らの頭で問題解決する過程を大切にする授業づくりというよりも，辛抱強く単調な作業を繰り返す訓練主義的な授業づくりになっていくであろう」と記している（清水貞夫（1998）『「軽度」精神遅滞の教育計画』田研出版）。

▷2　杉浦洋一は次のように指摘している。「障害児教育では「生活・発達・障害」の視点から丸ごとの子どもの姿を捉え理解することを大切にしてきた。それはマニュアルやチェックリストなどによる表面的な子ども把握とは異なる」（清水貞夫・藤本文朗編集代表（2009）『〔改訂増補版〕キーワードブック障害児教育：特別支援教育時代の基礎知識』クリエイツかもがわ）。

▷3　奥住秀之は「心理検査からは，子どもの発達の状況が客観的・定量的な数値（評価）として示されます。これは教師や保育士が子どもの状況を，「離れたところ」から見つめ直すひ

う記していくのがいいのでしょうか。まずは実際に起こった事象をできるだけ客観的に記していくことが大切です。

例えば，ある活動で一人の子どもが，その活動にこだわって何度もやろうとする，そんな場面を想定してみましょう。ここまでの話から，「その子は自閉症だからこだわるんだよ」という見方では本質を捉えたことにはなりません。では，その子は，その活動の「何が」引っかかって何度も何度も活動をしようとしたのか，ということを考察しなければなりません。

それは，「やらなければいけない」という強迫観念めいた思いがあるのか，「楽しい」という気持ちがあるから何度もやろうとするのか，その活動の中に，感覚的な「快」の感情が生まれるような要素があるのか，他の子どもにやらせまい，と思ってやっているのか，…おそらく答えはすぐに見つかるわけではありません。

しかし，授業を行っている者として，「おそらくこうだろう」という仮説を立てることは大事だと感じています。その仮説を考えるときに，その子どもの感情や内面にどれだけ迫れるのか，これは一緒に生活したり学習したりする中で見えてくる部分もあると思います。

例えば，その活動の出す「音」が気に入って，その音を聞きたいがためにそうした行動を繰り返すのかもしれません。子どもの立場，子どもの目線，子どもの気持ちになって考えてみる，そのことがその子どもの内面世界を考えることになるのではないでしょうか。

❹ 内面をどう記述するか

一口に内面といっても，それは気持ち，感情というあいまいなものも含まれています。こうしたものは，その日の気分，天候や湿度・温度などの外的環境，まわりの学習集団の問題，などに影響を受けると言えるでしょう。

したがって，同じ内容の授業を2日続けたとしても，その2日の子どもの内面が同じとは言えないのです。いや，むしろ違うと断定してもいいくらいではないかと思います。授業者としては，昨日はこうだった，今日はこうだった，ということを丁寧に記録していくことが大切です。また，最初は拙くても，とにかく文字化することが子どもの内面世界を捉えることにつながると思います。当然のことながら，文字化するためには，子どもをよく観察し，自分の頭のフィルターを通して考え，仮説を立てるといった作業が必要になります。ある程度，記録を書く，ということを自らの課題として取り組まないとなかなか書けないかもしれません。ただ，個人的には授業者として，たとえ稚拙な内容だとしても，授業を文字化することで振り返る作業は自らの義務としてやってもらいたいと思っています。

（高橋浩平）

とつの機会となるでしょう。一方，数値（評価）は検査という狭いファインダーから捉えた，一瞬の子どもの姿にすぎないことも忘れてはなりません」と指摘している（奥住秀之（2012）「どうして？ 教えて！発達障害の理解」全障研出版部『みんなのねがい』552号）。

IX 授業を振り返る力をつけよう

4 実践記録を書こう②
──教師の思いを重ねて書く

1 目指す子ども像

　授業を行う時に，その授業で「子どもにどんな力をつけたいのか，どんな力が育ってほしいと考えるのか」ということをまずは意識することが大切だと思います。授業検討会等をやっていると，意外にこのことがおろそかになっていたりします。作業や活動をさせることが目的（ねらい）になってしまい，その子にどんな力を獲得させたいのか，授業者がはっきりと意識していないことがあるのではないでしょうか。

　一例として調理実習を挙げましょう。カレーライス作りで「ジャガイモを一人で切ることができる」を目標としたとしましょう。実際に活動した時に，「一人でジャガイモを切ることができた」で終わりにしてよいのでしょうか。
　① ジャガイモの切り方，扱い方が分かっている（理解している）。
　② 調理の順序ややり方が分かっている。
　③ 器具，道具の扱い方が分かっている。
など，その子の内面の「理解」ということを意識したいと思います。

2 どんな子どもを育てるのか

　特別支援教育の現場では，往々にして「自立がねらいです」ということが言われがちです。たしかに，身辺の自立，社会的な自立，といったことは大切です。しかし，例えば「身辺の自立」ばかりに目が向いていると「一人で用便ができる」とか「脱いだ服をたたむ」とか「一人で服を着ることができる」などといったことが授業のねらいになり，そのことばかりに取り組んでしまいがちです。そのことをすべて否定するわけではありませんが，やはり教育の目標は教育基本法に明記されているとおり「人格の完成」が目的であり，そのことは通常の教育でも，特別支援教育においても変わらないのではないでしょうか。あまり狭く目的を捉えずに，大きな視野で目的を立て，そのことを実践記録にも反映させたいものです。

3 夢を語ろう

　かつて，「障害のある子に国語や算数を教えて何になる。自立する力をつけて，就労させることが大切だ」と言われていた時代がありました。今でも少な

からずそのような傾向はあります。そうした考えは，その子どもの可能性を狭めてしまうのではないでしょうか。

たとえ障害があっても，将来はアイドルになりたい，映画監督になりたい，スポーツ選手になりたい，マンガ家になりたい，など，夢を持っている子どもがいます。そのことを「実現するわけがないから」といって指導者が否定したりはしていないでしょうか。「現実は厳しいんだから，夢みたいなことを言っていないでやりなさい」という指導者もいます。

しかし，夢やあこがれは，その人の活動の原動力になります。そのことを肯定し，夢を語れる指導者が子どもたちには求められると思います。

授業を構想するさいにも，ミクロな視点とマクロな視点を持ち，その中に夢を詰め込む，といった部分を入れていきたいと考えます。

❹ 総合的な学習の時間の授業

「総合的な学習の時間」が導入された時に，特別支援学級で主流となっていたのは，交流の活動でした。筆者は，いわゆる総合学習といった，大きなくくりで「いのちの授業」という授業を同僚と始めました。どんなに障害が重くても，「いのちと向き合い，いのちについて考える」ことは大事だと考えていました。実践もその教師たちの思いがたくさんつまった授業となりました。

〈いのちの授業〉
この年のテーマは「赤ちゃん」
「先生も赤ちゃんだった」「自分も赤ちゃんだった」「赤ちゃんはどんなようす？」等を勉強していきました。

「障害の重い子にこんな学習をして意味があるのか？」「成果はあるのか？」という意見もありましたが，教師どうしで話し合いをし，保護者と連携し，共同して授業をつくっていく中で，自信を持って授業に臨めるようになりました。

毎年，少しずつ改善を重ねながら継続して授業を進めてきた結果，学級の特色の一つとなるような独自の授業ができたのではないかと思っています。

その原動力は，まぎれもなく教師側の思いでした。その思いを確かめ，前に進むために，記録を書き，様々な場所で報告し，多くの方々から意見をもらってきました。

このように，実践記録は，教師の思いが反映される実践の記録です。「なるほど，この先生は，こういう思いで授業をつくっていたんだな」と分かるような記録を読むと，読んでいる側も大変勉強になります。

ぜひ，教師の思いを大切にして授業記録を書いてみてください。そのことがまた授業の改善につながるはずです。

（高橋浩平）

▷1 小学校知的障害特別支援学級で行われた総合的な学習の時間の実践である。その実践記録も参照してもらいたい（高橋浩平（2001）「いのちの授業」SNE学会編『SNEジャーナル』第6巻第1号，文理閣，高橋浩平（2003）「いのちの尊さ」三浦光哉・清水貞夫編著『特別支援教育の「総合的な学習の時間」—実践撰集—』田研出版，高橋浩平（2013）「総合的な学習の時間『いのちの時間』」渡邉健治監修，障害児教育実践研究会編『「考える力」を育てる教育実践の探究』ジアース教育新社）。

Ⅸ 授業を振り返る力をつけよう

5 実践記録を授業づくりに活用する方法

① 実践記録は，次の授業を考えるヒントを与えてくれる

　記録に残す，あるいは記録に記す，という作業には，まとめたり，考え直したり，振り返ってみたりという活動が入ってきます。その過程で，自分の授業の何が足りないのかが見えてくることがあります。

　例えば，授業を映像で振り返って，「あっ，この部分の自分の動きは何も考えていないな」と思ったり，「この子どもの反応はどう考えたらいいのだろう？」と思ったり…。そんなことを何回か繰り返す中で，次の授業の構想が見えてきたりします。

　ある程度こうした授業の振り返りの量をこなすと，その授業を反省するというより，その授業を土台に次の授業に向かう方向性が見えると思います。

　さらに実践記録として文字化・文章化する中で，自分の思いや考えが整理され，成果と課題が明確になってきます。まさに「実践記録は，次の授業を考えるヒントを与えてくれる」のです。

② 実践記録は，授業を見る目を高めてくれる

　実践記録を書くことで，自分の思いや考えが整理されることを先ほど述べました。しかし，一方で，このこと（実践記録を書くこと）は「授業」に対する客観的な見方ができることにもつながるのではないかと思います。

　授業に対して，「この授業はおもしろかった」「この授業はつまらなかった」というレベルでは感想にすぎません。何が「おもしろかった」のか，何が「つまらなかった」のか，を丁寧に吟味する必要があります。自分が何を見てそう思ったのか，どうしてそう思ったのかを検討する必要があります。

　こうした作業をやっていくうちに，自分の立場から一歩離れて授業を客観的に見つめている自分を発見することがあります。そこまで来ると，「実践記録は，授業を見る目を高めてくれる」ものである，と実感できると思います。

③ 実践記録は，相互に授業を考える材料になる

　特別支援教育の場では，TT 指導（チーム・ティーチング）が多いと思います。複数の教師が，ともに協働しながら授業を進めていくことが一般的でしょう。

　そのときに，それぞれの教師の思いが同じならばいいのですが，案外そうで

ないことが多かったりするのではないでしょうか。特別支援教育の場で指導している教師ならば、教師の人間関係で疲れてしまう、といった経験は少なからずあるのではないでしょうか。

しかし、大人の都合で子どもたちに本来のことができず、悪い影響が出てしまうのは本末転倒です。そうならないために、教師は相互の協調に向けて努力しなければなりません。

そのときに、実践記録を読むことをお勧めします。たとえ教師の思いが違っていても、実践記録を仲立ちとする中で、授業そのものについて議論をすることができます。

教師の仕事とは何でしょうか。その時間の大半を占める授業が一番重要なことは言うまでもないでしょう。その大事な授業を、教師が議論しなくてどうするのか、ということは強調したいと思います。そのためにも「相互に授業を考える材料」として実践記録は大切だと思います。

さらに、「相互に授業を考える材料」があれば、同僚だけでなく、様々な人と授業について議論を交わすことができます。研究会や学会等の場で議論することも可能になります。大学の教員や心理職、専門家と言われる人たちとも議論することが可能になります。こうした経験が授業づくりにプラスに働くのだと考えています。

❹ 実践記録をまず書いてみよう

「実践記録を授業づくりに活用する方法」について、記してきました。しかし、まずはとにかく実践記録を書くことから始まると思います。

なにはともあれ、実践記録をまずは書いてみてください。最初は「実践感想」になってしまうかもしれません。単なる「授業記録」になってしまうかもしれません。読んだ人から様々な批判を受けるかもしれません。

でも、それでいいのです。そこがスタートです。「いい授業」をしたいと心から思うのならば、実践記録を書くことは必要条件だと言ったら言いすぎでしょうか。いや、そうは思いません。ぜひ、実践記録づくりをスタートしてみてください。

「授業づくりに王道はない」と常々感じています。その意味では、地道な努力をする者だけが目指すところへ到達できるのではないかと思います。「実践記録を書くのは面倒だ」「実践記録など書いている暇がない」といった声を時々耳にします。しかし、そうした地道な取り組みをすることが「いい授業」につながるのだと、筆者は自らの経験も踏まえて強く感じています。

(高橋浩平)

コラム

世界に輸出される日本の授業研究

　日本の授業研究は，世界に広がっており，注目を集めています。1999年にスティグラーらが書いた『ティーチング・ギャップ（*The Teaching Gap*）』（Stigler, J. W. & Hiebert, J.）の出版をきっかけにしてアメリカから運動が始まり，中国，タイ，シンガポール，マレーシア，オーストラリア，イラン，スウェーデン，イギリス，ケニアやウガンダなどの世界に広がっています。

　「授業研究」はLesson Studyやjugyou kenkyuu，「研究授業」はResearch Lessonという訳語が定着しつつあります。日本の授業研究が国際的に評価されているのです。

　『ティーチング・ギャップ』では，日本の授業は，「問題と苦心して取り組み，まちがえ，そしてまちがいの理由が分かることが日本の学習過程の本質的部分だと信じられていることは明らかです」と述べられています。また，同書では，アメリカは，①既習教材の復習，②本時問題の解決法の演示，③練習，④個別活動の検討と宿題を課すこと，という授業の流れに対して，日本は，①前時の振り返り，②本時問題の提示，③生徒の個別，またはグループによる取り組み，④解決法の練り上げ，⑤要点の強調とまとめ，となっています。

　こうした日本とアメリカの授業を検討すると，日本では，問題を提示し，友だちとかかわり合いながら，問題解決の「過程」を検討し，「まちがい」に着目した授業が展開されています。さらに，「まちがいの理由が分かること」が大切にされている点も特徴的です。これに対して，アメリカでは，問題は提示されていますが，教師が解決方法を示し，それを練習する流れになっています。

　このように，世界に輸出されている日本の授業研究ですが，授業研究の原点を確認する必要を感じています。授業実践は様々なパターンがあります。けれども，世界で注目されている一つは，子どもたちの「まちがい」を大切にする＝「子どもから」の視点から授業を分析・検討していくことです。それだけでなく，この分析・検討を通して，「まちがい」が認められる「学級づくり」も同時に構想していくことも重要でしょう。学級づくりと授業づくりの両方から進めていかないと，授業研究の質的向上にならないのではないかと思います。

参考文献

ジェームズ・W・スティグラー／ジェームズ・ヒーバート著，湊三郎訳（2002）『日本の算数・数学教育に学べ：米国が注目するjugyou kenkyuu』教育出版。

日本教育方法学会編（2009）『日本の授業研究──Lesson Study in Japan：授業研究の方法と形態（下巻）』学文社。

（高橋浩平）

第10章

豊かな授業づくりのために教師集団を高めよう

Ⅹ　豊かな授業づくりのために教師集団を高めよう

総　説

① 教師の集団的思考の力はすごい

　人間の思考は自分一人で行っているように思えますが，実はそうではないのです。幼児のころ，それまでの思考が，言語に支えられた言語的思考に変化することをヴィゴツキーが明確にしました。だいたい2歳以降，子どもは他人と意見を交わすことを始めます。つまり自分の考えと他人の考えとをいつもぶつけ合いながら人間はその思考力を高めて，相互に成長していくのです。意見のくいちがい，対立，口論，意見交換，口げんか，討論…等の様々な過程を経て，人間はお互いに他人の意見を自分のものとして取り入れ，また新たに自分なりの考えを形成していきます。ですから今「これは自分独自の意見だ」と思っているものも，実は親や兄弟姉妹や親戚の人々をはじめ，多くの大人や先輩・後輩，先生や友人とのかかわりの中で身に付けたものです。ですから個人の思考も実は集団的思考の産物なのです。そのような他人との交流によって，あるいはある集団に属することによって生じる思考を集団的思考と言います。

　さて学校では，子どもの教育方法や教育内容をめぐって教師たちどうしのこのような集団的思考が，日常的に行われていることに気が付きます。それは，なにも授業研究の時だけではありません。職員会議，学年，学部，校務分掌などの単位での話し合い，保護者との話し合い，職員室での何気ない会話，やりとり，行事の打合せ…，これらは教師と教師が集団的思考を行っている過程なのです。これらのことは，確実に連絡・伝達するとか，報告するとか情報を全員で共有するということに意味があるばかりでなく，教師が考え方を出し合い，修正し合う，教師の集団的思考そのものが行われる場であることに意味があるのです。学校という社会的な装置の中で教師の集団的思考は，ものすごい力を発揮します。子どもたちの成長を左右してしまうのですから。そしてこの集団的思考は特徴を持っています。それは，「この子どもの教育をどうしようか」という一点に思考が焦点化された議論を経るからです。仮に「研究授業」を例にとれば，一人の教師が行った授業に全教師の思考が反映され，それがまた一人の教師が行う次の授業に反映されていくからです。意見交換，質疑応答，討論，感想表明…これらのことが非常に大切で，対立し，食い違った方がよいのです。形式的なほめ合いの研究授業は実り少ないものと言えるでしょう。このように学校では，教師の集団的思考が，教育力そのものにつながっています。

▷1　ヴィゴツキーと集団的思考　ヴィゴツキー，レフ・セミョーノヴィチ（1896-1934）は，人間の言語に外言と内言が存在することを指摘し，発達の過程で外言が内化して，個人の内言となることを明らかにした。子どもははじめから社会的状況の中に置かれていて，その社会集団で用いられている言語がやがて，その子ども個人の思考となるのである。各自の考えが初めにあって，口論が生じるのでなく，様々な口論がその子どもの思考をつくるのである。言いかえるならば，人間は他人の意見を取り入れながら自分の思考を形成していくのである。

さてもう一つ，学校で起きる大切なことは，上記のような教師の集団的思考と子どもの集団的思考とが，日々，授業の中でぶつかり合っているという事実です。教師であるならば，授業が自分の思いどおりにはいかず，子どもたちの抵抗に出会った経験はお持ちでしょう。しかしそれが，その後の力に変わっていることも実感されていますね。大人と子どもとの集団的思考が発生する場こそ授業の過程なのです。もちろん，子どもの思考を認め肯定するところからスタートすべきです。

　ここに詳しく触れませんが，子どもの集団的思考と教師の集団的思考の絡み合いが子どもたちを発達させる原動力であることは言うまでもありません。

❷ 教師の共同行為が学校という装置の性能を決める

　子どもたちの学習体験は，学校という装置が持っている性能の影響を受けています。例えば，「校風」といったものもその例です。いろいろな学校を訪れてみると，その学校その学校の「雰囲気」があります。学校を特徴付ける大きな要因は，教師たちの共同行為のありようです。例えば，イレギュラーなことが起きてもそれに柔軟に対応できるチームワークの力がある学校もあれば，イレギュラーなことがらに過剰に反応してしまう学校もあるでしょう。前述した，教師の集団的思考の力が高まっていれば，教師はお互いに支え合うことができ，その結果，お互いに支え合う子どもたちが育つのです。チーム・ティーチングという言葉がありますが，これをやや拡大して考えるならば，障害児教育の現場は，学校全体がチーム・ティーチングの場と考えられます。ある子どもの担当者が，自分一人で何とかしようと一生懸命になってもうまくいかないことが起こります。全校の子どもを全教職員で毎日育てているという共同行為が実感できるところでは，支え合いが校内の教師間に生まれてきます。現在，小・中学校，特別支援学校では，規模に非常にばらつきがありますが，前述した教師の集団的思考を大切にしている学校では，教師どうしがお互いを高め合うことができ，その結果として，子ども，保護者をも，ゆとりをもって包み込んでいくことができるのです。

❸ 子どもと大人が同じ日課を共有するところが学校です。では教師の役割はどこにあるのでしょう。

　一時間の授業ですべてのことが解決するわけではありません。一時間の授業のことをチマチマ議論していて，この子どもたちの将来生活や学びや，行動や，就労や進路や…，これらのことがすっきり解決するわけではありません。だから，時々，もっと将来生活で直に役立つこと（＝スキル）を毎日練習させておきたいという欲求にかられます。そんなときも，むしろこう考えるようにします。学校で一日の日課を（信頼できる先生と一緒に）上手に豊かに過ごすこと，

▷2　T-T（チーム・ティーチング）　特別支援教育では複数教員が同時に授業を展開するのが一般的である。T1が主導者（メイン）であるとすればT2，T3…はサブ・ティーチャーであるが，サブ・ティーチャーの役割こそ授業展開では重要となる。メインとサブは経験を積み重ねることによって力量が高まるものであり，大人の都合ではなく，子どもの都合や事情に精通するという共通の視点によって真のT-Tが成立する。メインティーチャー（MT）を，チーフ・ティーチャー（CT）と表す場合がある。

様々な日課を自分のものとして一日を充実して過ごす経験は、将来（親がいなくても）自分一人で日課のある一日を上手に豊かに過ごす練習になるのだ、と。だから一時間の授業のプロセス云々よりも、一日の日課を学校で過ごすことの方がよっぽど大事ではないか、と。

でもここまで考えると、やはり一コマの授業にこだわることを捨てられません。それは一時間の授業の中に、教師の思想・技術・意図といったものがすべて含まれ、すべてが内在していると考えるからです。簡単に言うと、一つの授業を見れば（実は、5分間も見れば）、その先生のすべてが見えてくるのです。つまり、一日をともに過ごすに足る先生なのか、自分の将来生活を教えてもらうに足る人物なのか、一コマの授業で分かります。これが、授業づくりや授業研究にこだわる理由です。

子どもたちは、教師を教師にしてくれる存在です。毎回毎回、私たち教師は、「この一時間は後にも先にもない、たった一度きりの一時間」と思って臨みます。それは、創作や創造に似ています。要は、子どもを一人の人間と思い、誠実な人間的な対面、対話をしているかどうかです。

もう一つ、一コマの授業にこだわるわけは、その一コマの中に教育のチャンスが無数にあると考えるからです。それは、狭い知識や技術を受け取ることだけではありません。授業で行われる心理活動、身体活動のすべての過程で、その子どもの力が総動員されることこそ学習の過程なのです。その授業内の一定のルールに従って考え、一定の課題を目標にしてクリヤーするために自分の可能性（＝潜在的な力）を総動員すること、それが発達の原動力となります。だから一コマの授業が大事です。

教師は世界と子どもの間に立つ仲介者です。一定の日課、教材、レイアウト、設備が生活力、分かりやすさ、ふさわしい動き、行動のきっかけ等をつくり出します。子どもと大人が同じルールで日課をこなすことは、手洗い、着替え、食事等の文化をはじめ、人間と人間のつながり（人間関係）をつくるのです。教師を介して子どもは人間らしい行動や文化を学びます。教師と子どもが同じ日課を過ごすから人間的関係が生まれ、仲介者である教師が進める授業を通して子どもの潜在的な力が総動員されるのです。

❹ 一番しなやかな教材は「教師」です

教師が子どもと同じ日課を過ごすことに意味があると気付けば、子どもたちのまなざしは、いつも先生に釘づけであるということにも思いあたります。そうです。子どもたちは先生たちがどうするかじっと見ているのです。いろいろな先生がいてよいのです。子どもたちは、知識や技能を身に付ける前に、自分ちの先生の人柄、人間的な魅力の方を先に学んでいます。知識や技能は教師の「人柄」というフィルターを通して子どもに伝わっていくのです。

場当たり的な対応をし、経緯を確かめようとしない先生や、自分の役割だけ果たそうとする先生、めんどうくさそうに教える先生、いつもイライラしている先生、にはすぐに分かってしまいます。自分の嫌な先生にはすぐ反応しますね。

このように考えると教師や教師集団は子どもにとって、一番身近な教材ということになります。教師が子どもにとってもっともしなやかで、最良の教材となるためには、まっすぐに子どもを見つめ、誠意を尽くし、同じ日課を過ごすことを楽しみ、「こなしていく仕事」とか「子ども相手にしている仕事」と思わないことです。そしてそのことを教師集団で共有していることが大事です。

5 教師たちにも広場が必要です

上述してきたように、大人と大人がどう接するか、大人が子どもにどう接するか、は人間社会のあるべき姿の見本です。人類が歴史的、文化的に形成してきた相互理解、相互協力という人間らしい行動様式を、子どもたちは教師集団のありようを見て学ぶということができます。子どもを育てることは大変な仕事ですね。

学校の仕事において、教師の人数が多かったり、仕事が多すぎたりすると、無責任な形式的遂行になりやすいものです。教師たちが自分の持ち味を出しつつ、丁寧に子どもたちが向き合うことができるようにするため、教師どうしは、相互に信頼し合える集団をつくらなければなりません。そのためには、どんなことでも自分の意見が出せるような、広場が必要でしょう。職員室での何気ないやりとり、研究会、会議、打合せ…、これらは、すべて子どもたちに伝わっていくものです。子どもたちを大切に思うのであれば、同僚を大切にすることもできるはずです。欠点を指摘することが大切なのでなく、自分はこう考えている、ということが大切です。子どもには一人の人間として接するように心がけ、まごころを捧げるのです（スホムリンスキー）。物事やスキルを教える対象としてしか子どもを見ようとしない教師は、しなやかな教材になりえません。同僚からも信頼されないでしょう。仲間を大切にする広場が教師にも必要です。

（広瀬信雄）

▷3　スホムリンスキー、ヴァシーリー・アレクサンドロヴィチ（1919-1970）教育実践家、校長として実践を指導し、多くの著作を残した。『教師の仕事』の最初のページに「子どもにまごころを捧げるのです」と記した。

X　豊かな授業づくりのために教師集団を高めよう

1　子どもの顔が見える研究授業をしよう

1　普段のありのままを映し出す研究授業

　研究授業は，教師自身の教育実践力を高めるため，あるいは学校として授業をどのように考えていくかを検討するための一手段として行われることが多いです。年間で一人の教師が研究授業を行う回数は，その人自身の意欲が関係する場合もありますし，教育実践力の向上をねらう取り組みに関する学校としての考え方によっても異なります。研究授業を行った回数は，決して教師や学校の教育実践力の高さを判断するための指標になるわけではありません。一つの研究授業に向き合う教師の姿勢が大事です。

　研究授業を行うさい，教師はよりよい授業を実践したいという気持ちを抱くと思います。よりよい授業をするために，何か特別なことをしなければいけないと考える教師もいるかもしれません。しかし，普段の授業とはかけ離れた特別なことをする必要はありません。教師は，研究授業という枠組みに限ることなく，普段の授業，そして授業中だけでなく学校生活全般において，子どもの姿を理解しようとし，様々な願いを持って指導を行っています。研究授業は，普段の教師と子どもの関係をありのままに映し出す場面の一部と言っても過言ではありません。ただし，研究授業として，新たな指導方法や教材・教具の導入を試みることを目的とすることは例外となる場合もあります。例外になると言えども，そのような新たな試みは，普段の教師と子どもの関係を前提としてつくり出されるものであることに違いはないのです。

2　生活の連続性を大事にした子ども理解

　研究授業は，その研究授業を行う目的によって，様々な研究課題や視点が掲げられます。授業を観たり評価したりする視点が，実に多様であることは広く知られています。具体的にその視点の一部を述べるとすれば，授業の展開，教材・教具，教師の言葉かけなどがあります。研究授業を終えた後には，授業研究会といった場を設定し，様々な視点から授業を分析したり，よかった点や改善することが望ましい点について意見を交換し合ったりします。授業を観たり評価したりする視点は多様ですが，どのような視点であってもその視点の前提には必ず子どもの存在があります。

　研究授業では，教師の教育実践力が表面化されることが多く，指導のあり方

▷1　生活の連続性　教師は，時間を区切り授業として特化することを当然に思っていますが，子どもにとっては日常生活の一部に他なりません。一つの授業にはそれ以上のすべてのことが影響していますし，授業後には，その授業のすべてが影響します。ありふれた日常の中で，授業は信頼できる教師の下で表情豊かに過ごし，文化的欲求を満たすことのできる時間です。

や適切さだけが議論されることがあります。授業は，教師だけで展開するものではありません。子どもが存在し，教師が目の前の子どもに学習内容を教授したり，学習内容と子どもをつなぐ役割を果たしたりすることによって，授業が展開されていくのです。授業での子どもの存在を踏まえると，研究授業という枠組みにおいても，子どもの顔，つまり姿や表情を見なければならないですし，子どもの姿や表情が見える授業を実践することが望ましいと言えます。

子どもの姿や表情は，研究授業という時間だけで語られるべきでありません。授業は，子どもの学校生活の一部です。教師は授業の展開や方法について検討するさい，必ず今の子どもの実態について考えるはずです。子どもが主体的に学習に取り組んだり，達成感を味わったりするために，子どもの生活の連続性を大事にすると考えます。授業は，ある一定の時間によって区切られていますが，子どもの生活は連続しているのです。研究授業での子どもの姿や表情は一面にしかすぎません。研究授業や授業研究会で，教師は，子どもを取り巻く前後の状況や背景にある出来事，子どもの変化についても目を向けるべきです。また，子どもを理解するさいの資料として，子どもの発言や文章表現を取り上げることがあります。それらは，教師にとって授業を振り返る手段として有効であることは言うまでもありません。しかし，音声や文字としての子どもの表現だけで子どもを理解することは望ましくありません。視線，姿勢，表情から読み取れる気持ちなども理解しようとする姿勢を持つことが大切です。

❸ より具体的で分かりやすい学習指導案の作成

研究授業では学習指導案を作成します。学習を進めるための展開を記した文書です。学習指導案の作成は，教師のねがいや指導の意図，子どもの実態などを言語化するための作業として位置付けることもできます。教師は授業について様々な考えをめぐらしています。研究授業で作成する学習指導案は，他の教師や子どもの教育に携わる外部機関の方などが共有する資料となる場合がほとんどです。授業の展開や内容，子どもの姿を想像できるように，より具体的に分かりやすく表現することも，授業を深めたり，子どもを理解したりするうえで大切になると考えます。

（宮井清香）

▷2 学習指導案 教案，授業案，指導案とも呼ばれています。その書式だけが問題にされ，指導案のための指導案に陥ってしまうことがありますが，何よりも教師の意図や方法，展開の手順を書き表したものであり，子どもの反応や思考を予測したものでなければなりません。目の前にいる子どもに見合った学習の姿が示されているなら，子どもの顔が見える研究授業の一助となるでしょう。書式として残されるのではなく，その都度，破棄されるべきものです。

X　豊かな授業づくりのために教師集団を高めよう

2　教師の同僚性と評価し合うことの大切さ

1　教師どうしの信頼関係を大切にする

　信頼は何から生まれてくるのでしょうか。小さなことの積み重ねによって信頼し合える関係は作られていくものです。その小さな積み重ねとは，教育現場で言えば，こまめな連絡，ささいな情報の共有です。いわゆる「ほう・れん・そう」の徹底が信頼し合える関係を作っていくと考えられます。「上下の報告」「左右の連絡」「上下，左右にこだわらない腹を割った相談」です。

　ちょっとしたことでの連絡ミスで情報を共有できず，関係が悪くなってしまったというような経験はないでしょうか。「それならそうと先に言ってくれたらよかったのに」「そんな話聞いていない」と感じたことがある教師はそう少なくないでしょう。ちょっとした報告，連絡，相談をするかしないかが相手の印象を左右します。「こんなことまで」と思うような小さなことも共有していくことで，いずれは大きな信頼感につながります。

▷1　山崎（1986）参照。

2　ベテランと若手の交流を

　まず初めに，若手教師の立場を代弁するならば，ベテラン教師には若手教師のこれまでの教職課程での学び，そしてフレッシュな教師に対する情熱を認め，育てて行こうという思いで付き合ってほしいです。そして，ベテラン教師の立場を想像するに，「とりあえず，言われたとおりやってみる」の精神で自分を真似てやってみてほしいのではないでしょうか。

　若手教師は経験も浅く，ベテラン教師からすれば，「なんでこんなことも」と思うこともあるはずです。しかし，そこで終るのではなく，「こうしてみたら？」や，「私はこうしているよ」という具体的なアドバイスをしてみてください。そして，若手教師はそれを素直に聞き入れてください。それは決してベテラン教師に遠慮しろと言っているのではありません。考えるより前にまず言われたとおり行動してみてください。すると，「こうしたら良かったんだ」もしくは「もっとこうしたほうが良いのではないか」という思いを抱くはずです。そして，ベテラン教師は，若手教師の「こうしたら良いのではないか」に到った過程を認め実践させてあげてください。それが互いの学びとなるはずです。

▷2　学校内に，尊敬できる先輩教師がいることは若手にとってこの上なく大切です。まさに教師は，現場で育つのです。ベテラン教師たちは豊かな経験と知識を持っていますが，それを押しつけても若手は育ちません。子どもとのかかわり方を，若手教師とともにしながら，やがて自分は主から従へと立ち位置を移し，若手が自分の意志で授業づくりを始めるよう促すのです。このようにして，教師は教師として育っていきます。職人に例えるならば，技は"盗みとる"ことによって，はじめて若手のものとなるのでしょう。

158

③ 職員室世論を形成する

　職員室は様々な世代が集まる場であり，教師間のちょっとした憩いの場でもあります。職員室では様々な話が聞こえてきます。児童生徒の欠点について語ったり，保護者や同僚に対する愚痴を言い合ったり，…なんてことはありませんよね。職員室は互いに居心地の良い場所であるべきです。そして，学び合う場所でなくてはなりません。教師一人ひとりが子どもとどう向き合い，どのような実践をしているのか，保護者や同僚に対してどんなところが共感するのか，そのような話が飛び交う場でありたいものです。そして，教育には社会情勢が反映されています。20代，30代，40代と世代によって教育の色が違います。自分の時は「こうだった」なんて話をしてみるとおもしろいでしょう。それが実践に活きてきます。せっかくの憩いの場です。教師どうし，学び合い，認め合える，そんな場でありたいですね。

④ はげまし合い，助け合い，ほめ合える関係づくり

　これまでの話を手助けとして，「はげまし合い，助け合い，ほめ合える」そんな関係づくりをしていきたいものです。もちろんそれは，学年，学部，校務分掌を超えて学校全体がそのような関係になることが望ましいです。どの教師もだいたい何を考えているのか分かり合える関係，大変そうにしているときに仕事をシェアできる関係，ともに喜びを分かち合える関係，このような教師のつながりが子どもを教育していく根本にあるのではないでしょうか。教育に携わる者として，子どもの将来を本気で考え，日々の成長を促していく教師。同じ理想を持つ者どうし，高め合える関係でありたいですね。

⑤ 同僚であることを意識する

　一人の教師は，その人生の中で多くの教師と同職します。他の職業とくらべて同僚という意識は持ちやすいのかもしれません。それは，教職員全員で全校の子どもたちを育てているからでしょう。一方，大勢の大人が気持ちを一つにして互いを尊重しながら同じ職種の仕事をすることもたいへん難しいことのように思えます。考え方の違いや学歴や職歴の違い，あるいはいろいろな意味での利害関係を乗り越えていかなければならないからです。様々な違いを乗り越えて，同僚と感じられるとすれば，それは子どもの力かもしれません。子どものためなら，教師は一つになることができるのです。職場の同僚は不思議な，特別な人間関係です。友人や親戚とも違います。一人の教師は，子どもたちや同僚となった教師たちによって生かされているのです。

（石崎真衣）

▷3　職員室世論　子どもたちの登校前，下校後，あるいは空き時間や業間のちょっとした時間，職員室ではいろいろな話しが交わされます。それは，子どもたちのことであったり，日頃感じていることだったりします。何気ないやりとりの中にアイデアやヒント，あるいは教師の悩みの解決の糸口があったりします。このような会話の中で，確認し合うことが，実は実践を支えているのです。会議や打合せでは不十分だった意見交換がなされ，気持ちを合わせることができます。よい方向でこのような職員室世論が形成されるとは，相互理解に益するでしょう。

【参考文献】

山崎富治（1986）『ほうれんそうが会社を強くする』ごま出版．

X 豊かな授業づくりのために教師集団を高めよう

3 学校内外の教師サークルで高め合う

1 学校内の教師サークルで高め合う

　豊かな授業づくりを模索するためには,「授業研究」が大切です。「授業研究」は, 日々の授業の中で浮かび上がってきた小さな疑問や課題を一つ一つ解決するために行うもので, 授業自体を研究することに焦点を当てています。「研究授業」は,「授業研究」の中から, ある共通した研究課題を抽出して一定期間取り組む中で, その研究経過や成果を話し合う際の材料の一つとして提供される実際の授業場面のことを言います。

　「授業研究」は, チーム・ティーチングのメンバーで行われるものから学部や全校単位, さらに学校内の有志で行うグループ形式のものなど, 様々な形態があります。

　チーム・ティーチング内で行う「授業研究」は, 毎日の授業実践から浮かび上がってきた小さな疑問や課題をチームの中で話し合い, 一つ一つ解決に向けた糸口を検討し, その糸口を次回以降の授業実践に生かしながら子どもの実態に合った授業展開を目指していくものです。このチームでの集団思考では, 子どもの実態はほぼ共通認識されたうえで話し合いができるため, 明日への授業実践にすぐに生かせるような子どもの実態に合った具体的な指導方法や教材・教具の工夫及び改善が期待できます。一方, 毎日のように一緒に授業を行っていることで, 似たような意見が多くなり, 大胆な発想が展開しにくい傾向もあります。

　学部や全校単位で行う「授業研究」は, 学部研究や全校研究と言われるもので, チーム・ティーチング内での「授業研究」をもとに, 学部や全校である共通した研究課題を抽出して一定期間じっくり取り組み, 学部や全校単位で授業の質を高めていくものです。このような集団思考では, 異なる子どもたちを担当している教員が話し合いに加わるため, 子どもの実態の共通理解には時間がかかりますが, その過程で新たな発想が生まれ, 学部や全校単位で異なる子ども集団においても共通したかかわり方や指導方法, 教材・教具の工夫を通した研究実践が展開でき, その成果も期待できます。

　学校内の有志で行うグループ形式の「授業研究」は, 教師がある同一の研究課題のもとに集い, お互いに指導力を高め合っていく効果が期待できます。この集団では, 共通した明確な研究課題があるため, その課題解決に向けて各教

▷1　教師サークルとは, 制度的, 管理的に組織された, フォーマルな集団ではなく, メンバー相互の意志で自主的, 自然発生的に生まれた集団である（インフォーマル・グループ）。自由さ, 結びつきの強さを特長とし, 反面, 排他的, 外から分かりにくい, などの特質もある。サークル内での対立や摩擦, 矛盾を乗り越えていくことによって, 研究的, 発展的な可能性が生まれる。

師が指導方法や教材・教具の工夫を通した授業実践を繰り広げることから，すぐに成果が見られることがあります。一方，同じような発想を持った教師どうしであるため，偏った考えから抜け出せない傾向もあります。時々，別な視点からの批判が大きなヒントとなることがあります。

② 学校外の教師サークルで高め合う

さらに，学校内の有志で行うグループ形式を発展させ，学校外の教師も参加できる形式のものもあります。この「授業研究」は，学校内外の教師がある同一の研究課題のもとに集い，学内外の指導方法や教材・教具の工夫を紹介しながら指導力を高め合っていくものです。この集団では，学校外の新たな視点が加わるため，柔軟な発想が期待できます。一方，異なる子ども集団を担当していることから，同じようなかかわり方を試みたものの，共通した成果が表れにくい傾向もあります。学校の枠を超えて，複数の学校のメンバーで構成される教師サークルは，地理的・時間的制約がありますが，定期的に行われるようになると研究交流や情報交換のよい機会となり，「横」のつながりができてきます。

③ 学内外の教師サークルで高め合うポイント

前述したような「授業研究」で教師を高め合うポイントは2つあります。

まず一つは，子どものニーズを把握したうえで「支援の工夫」を考えることです。教師は子どもの課題を達成するために，具体的な授業場面を想定しながら絶えず指導方法や教材・教具の工夫，開発などの支援を行う視点を持ち，子ども一人ひとりに合った授業づくりに努力していく必要があります。この点で自分の実践を発表することは有益です。

もう一つは，「教師も教材の一つ」であることです。教師の位置関係やかかわり方の工夫により，子どもの課題への向かい方も変化が予想されるため，教師は常に教育環境の工夫が求められています。「自分が教材になる」例を他の教師から学ぶ機会となります。

さらに，学校内外の自主的な教師サークルで高め合うポイントは3つあります。

まず一つは，「教師の課題意識」です。日々の授業実践の中で生じた素朴な疑問や悩みを少しでも解決しようとする気持ちが授業づくりの第一歩となるのです。

次に，「教師の向上心・研究心」です。現在の授業より豊かな授業づくりをめざそうとする気持ちが指導力を高める原動力となるのです。

最後に，「教師間の連携」です。一人で考えるだけではなかなか発展が望めません。教師間のつながりが新たな発想を生み出し，さらなる指導方法や教材・教具の工夫につながるのです。それは教職の魅力，奥深さの発見に導き，教師間の連帯感や協力関係を生み出すでしょう。

（里見達也）

▷2 「教師も教材の一つ」どの子どもにもピタッと合わせられる最もしなやかな教材は教師自身である。見本となり，協力者となり，友となり，相手になり，「オモチャ」になることもできる。物としての教材・教具に依存するのではなく，自分自身が教材になっていること，またそうなることを自覚していることが大切です。

（参考文献）

里見達也（2008）「教材・教具の開発」湯浅恭正編『よくわかる特別支援教育』ミネルヴァ書房，214-215頁．

X　豊かな授業づくりのために教師集団を高めよう

4　研究授業を通してカリキュラムを見つめ直す

1　カリキュラムを見つめる

　担当教師が主になって実践している内容がカリキュラムです。そのカリキュラムを再度見つめ直すことのできるチャンスが研究授業なのではないでしょうか。研究授業によって，授業に対する視点が広がり，豊かになります。そして，子どもの実態に寄り添いながら，よりよいカリキュラムを実践する力を育てていくことができるのではないでしょうか。

　本節では，研究授業を通して，カリキュラムを見つめる視点として，授業構想の根拠（Evidence），授業展開力，子どもの観察力の3つの視点から考えてみます。

2　カリキュラムを見つめる視点

（1）学習指導案は授業構想の根拠（Evidence）

　授業者は，自分の研究授業に対して明確な授業構想の根拠を分かりやすく学習指導案等で明示します。学習指導案は，授業構想の見取り図になっているからです。授業構想には以下の点がじゅうぶんに検討されているでしょうか。

　この子どもたちの学習に必要であると考えられる内容が分かりやすく単元（題材）として組み立てられ，計画されている（学習内容の意図）。子どもたちの一番学びやすい方法が選択され，知的欲求を感化しやすいような順序で展開している（学習方法の意図）。社会的価値観やルール，常識から妥当であったのかどうかがじゅうぶんに吟味されている（社会的な見地からの意図）。

　代表的な授業構想の根拠を整理しました。このような点が指導案に柱として述べられていることが必要だと思います。授業をつくる出発点は，子どもの今にどれだけ寄り添っているのかが求められるのではないでしょうか。子ども主体の授業をつくるために上記の根拠がどのように説明できるのかが重要であると考えられます。

（2）本物の学びにする授業展開力

　授業構想を本物の学びにすることができるのが，授業展開力です。どのようにすれば効果的な学びを演出できるのでしょうか。授業展開力には，子どもと教師，教材とのつながりを持つことが大切です。子どもが主体となって学ぶことのできる授業をつくるためには，教師や教材は子どもの学びを支えるための

▷1　根拠（Evidence）証拠や根拠，科学的実証と訳される言葉で，教育界でも近年用いられるようになってきています。教育に対して一般の人々への説明責任が生じていることや費用対効果が問われる時代となってきていることが背景になっています。「根拠ある教育」の訳は Evidence based Education。

つながりになるように心がけるとよいでしょう。支援という言葉をよく耳にしますが，支援は子どもの主体的な学びが達成できると考えられる教師の手だてと考えられるでしょう。時に，支援ばかりを考えていると，子ども主体ではなく教師が主体になった授業になってしまったと気づくこともあります。授業は子どもが主体となって学び，その学びが子どもの自信と誇りを育てる役目を担うことが大切なのです。教師と教材がその立場を明らかにして，子どもの気持ちや行動等に寄り添う工夫こそ，授業展開力の効果が表れてくると考えられます。

（3）子どもを観察力する力をつける

授業研究会の中で子どもの表情や動きなどから，気持ちをどのように把握したのかが話題になります。授業の中で，子どもの気持ちや動きなどを常に考えながら，それに応じた展開を即座に工夫し取り込んでいく力が求められるからです。

子どもの表情や行動などの観察を冷静にそして，道筋を作りながら考えていくことで，子どもの気持ちが所々見えてくるようになります。その場面場面をつなぎ合わせ，それに合わせた工夫を試みていくことができるようになると，教師も授業を楽しむことができ，子どもとの共感や共同学習の機会をつくるチャンスが生まれてくるはずです。

❸ 研究授業から見えてくること

子どもの実態把握や授業展開の方法などについては，担当教師だけが把握して授業をつくっていくのではなく，多くの先生方にも質問や意見を交えて検討する機会を持つことにより，上記で述べた3つの視点はより質的に高まり，効果的な授業をつくり上げる技量を育てることができると思います。願う子ども像を掲げ，まず，子どもを変えていこうとするのではなく，教師の授業展開力や観察力を高めていくことで自然と子どもは願う子ども像に近づいていくことができるのではないでしょうか。教師の自己満足で授業が終わるのではなく，子どもへのかかわりの深まりも，カリキュラムの再構築には欠かせないエッセンスになるはずです。研究授業から学ぶことはたくさんあります。カリキュラムを見つめる視点をより具体的に持ち，観察・評価できることが，教師である資質を磨き輝かせてくれるのではないでしょうか。

(金丸実奈江)

▷2 観察する方法には自然的観察法，組織的観察法，参加観察法がある。ありのままの子どもを観察するのが自然的観察法，特定の場面・時間を決めて観察するのが組織的観察法，大人が関わって実態把握をするのが参加観察法です。子どもの行動を観察するためには，いずれの観察する力も大切になります。

［付記］本節は，山梨大学教育人間科学部附属特別支援学校の研究主任としてまとめた授業づくりに関する校内研究の成果を参考にしたものである。

Ⅹ 豊かな授業づくりのために教師集団を高めよう

5 学校・保護者・地域の教育課題と研究授業

1 学級通信は保護者と地域を結びつける

　学校の行事や毎日の授業のようすを、保護者に発信する方法の一つに学級通信があります。行事のお知らせであったり持ち物を保護者に知らせると同時に、今、学級で取り組んでいる授業の内容や子どもたちの成長のようすを伝えています。例えばある小学校の特別支援学級の学級通信は全校児童600人に毎週配布されました。すると各家庭では、母、父、祖父母、兄弟が回し読みをします。一枚が5～6人に読まれます。実際には特別支援学級のことを見ていなくても、その子どもたちのことを地域の人々が知るメディアとなります。

　その学級通信を通して、保護者の一人ひとりが学級の子どもたちのことを知り、この学級に通う子どもたちに声をかけるようになります。その積み重ねが、地域で子どもを育てることにつながってくのだと感じます。学級通信は保護者、地域を結びつけることの工夫の一つにもなります。学校の様子、先生達の考え、学校の研究の方向…、これらに加え、子どもたちの学びの内実が地域社会に伝わることは子どもたちを理解する大きな力となります。

2 保護者の気持ちと事情を汲んだ研究授業

　子どもたちは毎日様々なものを背負って学校に通ってきます。例えば親のことであったり、生活状況であったり、家族構成等などです。研究授業は、教材の選定や内容の研究、また子どもの実態把握が必要になります。子どもの実態把握とは、今いる子どもたちが今何を一番学ぶことが大切なのかを見ていくこととともに、子どもの背景にいる保護者や保護者の願い、地域の特徴も考えていくことが大切です。子どもたちの通う学校は、都市のみでなく、小さな村で子どもが数えるくらいしかいない学校もあります。また、漁村と工業地域の学校でも、子どもの背景にある地域は変わってきます。

　子どもの背負うものに想像力を働かせて、授業を構成していくことが授業者には求められます。一方子どもたちは、授業の中の一瞬の成果を家庭に持ち帰ります。その意味を考えることもまた大切です。それが授業研究の土壌となるのです。

3 インクルーシヴな学級づくりと授業研究

　現代的な課題として、発達障害と呼ばれる児童の数が増えていると言われま

▷1　学級通信　学校での子どものようすを家庭に伝えたり、教師と子ども、教師と保護者、教師と同僚の信頼関係や共通理解を図るツール。

▷2　インクルーシヴな学級　表面的に一緒に過ごすと言うことではなく、教育を受ける権利の保障できる学級。

す。そういった気になる子を研究授業ではいかに排除しないで，いっしょに授業をするかが教師の腕の見せどころになります。

こうした子どもの保護者は特別な視点で見られることを嫌がることがあります。特に地方ではそう言えると思います。しかしそうした保護者にも，子どものことをよく見てほしいという気持ちがあります。

気になる子を含めた研究授業をすることが今，求められています。いかに排除しないで，いっしょに授業をするには何をどのようにしたらよいのか。単一の障害名で語ることは難しい子どもたちが増加していると思われます。むしろ多様な子どもから成るクラスが一般的と言える時代ですね。授業研究では，特定の一人の子どもに焦点を合わすことより，多様さを当たり前と考える議論が求められています。

4 保護者の願い，学校の願い，地域の願いをふまえて

日常の授業と違い，研究授業では他の先生たちに授業を見てもらう機会になります。その後の検討会では，子どもの捉え方や授業の進め方などを再度見直す機会になります。

先生たちは想像力を働かせて，毎日の授業中の様子だけでなく，家庭環境や生育歴からも授業をつくっていくことが必要です。授業の中の一瞬の結果をどうやって家に持って帰らせるのかを考えていくこともまた大切でしょう。

教師たちの目線は，「子どもを専門的に見る」ことに陥りがちですが，一人の子どもの背景には保護者（母，父，祖母，祖父ら）がいますし，その後ろには暮らしを営んでいる地域社会の歴史と文化があります。学校として，一人の子どもを考えるとき，その子どもが毎日背負ってきている「その子の事情」を切り離してはならないでしょう。

研究授業において，単に一単位時間内だけの行動観察やその評価を根拠とした，意見交換に終わるのではなく，その子どもが暮らしている地域や家庭生活の状況をも考慮し，授業と生活との関係を見失わないようにすべきです。同じことは教育相談や就学相談の場でも言えることです。その子どもが授業でどのような姿を示すのかを考えるとき，子どもの背景にある諸事情を無視することはできません。むしろ研究授業で焦点を合わせて検討することに，子どもの生活やその子なりの事情を含めるべきでしょう。そのことの見本の一つは，日本の生活綴方教育や北方性教育運動に見出すことができます。

保護者の願い，学校の願い，地域の願いは，一時間の授業において，子どもの姿に反映されているのです。そのことに研究授業は着目すべきです。

（手塚知子）

▷3 生活綴方教育　子ども自身の生活やその内面，子どもたちを取り巻く現実との接点から出発し，それをそのまま書くこと，そして学級集団で読み合うことで考え方，感じ方をより進化させ，共同化することを重視しています。

▷4 北方性教育運動　戦前からあった東北地方の教師たちを中心とする生活綴方運動。1929年，成田忠久によって地方教育者が結成され，文集「くさかご」が発刊された。

(参考文献)

中込香代子・新津弓彦・依田真規子（1998）『みつぼし通信：若草小学校みつぼし学級の記録』新読書社.

田中耕治編（2007）『よくわかる授業論』ミネルヴァ書房.

執筆者紹介 （五十音順，執筆担当は本文末に明記，＊は編者）

＊新井 英靖（あらい・ひでやす，茨城大学教育学部）
　石崎 真衣（いしさき・まい，山梨県立甲府支援学校）
　今井 理恵（いまい・りえ，日本福祉大学子ども発達学部）
　今村 尚樹（いまむら・なおき，福岡県広川町立上広川小学校）
　上森さくら（うえもり・さくら，島根大学教育学部）
　遠藤 貴則（えんどう・たかのり，茨城大学教育学部附属特別支援学校）
　小川 英彦（おがわ・ひでひこ，愛知教育大学）
　大島 悦子（おおしま・えつこ，大阪市公立小学校）
　太田　茂（おおた・しげる，高松市立下笠居小学校）
　甲斐 昌平（かい・しょうへい，筑後市立筑後小学校）
　金丸実奈江（かねまる・みなえ，山梨大学教育人間科学部附属特別支援学校）
　川上 輝昭（かわかみ・てるあき，名古屋女子大学文学部）
　菊池 雅子（きくち・まさこ，茨城県立水戸飯富特別支援学校）
　熊本 勝重（くまもと・かつしげ，大東市立泉小学校）
　桑田 明奈（くわた・あきな，茨城県立鹿島特別支援学校）
　小室友紀子（こむろ・ゆきこ，東京都 特別支援学校）
　小室美歌子（こむろ・みかこ，茨城大学教育学部附属特別支援学校）
　佐藤 正明（さとう・まさあき，香川県立高松養護学校）
　里見 達也（さとみ・たつや，帝京学園短期大学）
　椎名幸由紀（しいな・さゆき，茨城大学教育学部附属特別支援学校）
　高井 和美（たかい・かずみ，香川県立香川中部養護学校）
　高尾 淳子（たかお・あつこ，愛知文教女子短期大学）
　高橋 浩平（たかはし・こうへい，杉並区立桃井第一小学校）
　高橋 翔吾（たかはし・しょうご，泉大津市立旭小学校）
　竹内 彩子（たけうち・さいこ，茨城大学教育学部附属特別支援学校）
　田中 紀子（たなか・のりこ，広島大学大学院生）
　張　穎槇（ちょう・えいしん，関西国際大学）
　手塚 知子（てづか・ともこ，帝京学園短期大学）
　滑川　昭（なめかわ・あきら，茨城大学教育学部附属特別支援学校）
　冨安智映子（とみやす・ちえこ，茨城大学教育学部附属特別支援学校）
　成田　孝（なりた・たかし，鹿児島国際大学福祉社会学部）

広瀬 信雄（ひろせ・のぶお，山梨大学大学院教育学研究科）
星野 優子（ほしの・ゆうこ，大阪府公立小学校）
水野 恭子（みずの・きょうこ，愛知教育大学大学院生）
宮井 清香（みやい・さやか，東京学芸大学附属特別支援学校）
茂木 武啓（もぎ・たけひろ，茨城大学教育学部附属特別支援学校）
森川 義幸（もりかわ・よしゆき，熊本市公立小学校）
山本 征紀（やまもと・せいき，茨城大学教育学部附属特別支援学校）
＊湯浅 恭正（ゆあさ・たかまさ，大阪市立大学大学院文学研究科）
＊吉田 茂孝（よしだ・しげたか，福岡教育大学大学院教育学研究科）
渡邉 鮎美（わたなべ・あゆみ，茨城大学教育学部附属特別支援学校）
渡邉 崇（わたなべ・たかし，茨城県立北茨城特別支援学校）
和田 美穂（わだ・みほ，茨城大学教育学部附属特別支援学校）

カバー・本文中イラスト　きたむらイラストレーション　北村信明

特別支援教育のための子ども理解と授業づくり
──豊かな授業を創造するための50の視点──

2013年9月20日　初版第1刷発行　　　　〈検印省略〉

定価はカバーに
表示しています

編著者	湯　浅　恭　正
	新　井　英　靖
	吉　田　茂　孝
発行者	杉　田　啓　三
印刷者	江　戸　宏　介

発行所　株式会社　ミネルヴァ書房
607-8494 京都市山科区日ノ岡堤谷町1
電話代表（075）581-5191
振替口座 01020-0-8076

© 湯浅, 新井, 吉田ほか, 2013　共同印刷工業・藤沢製本

ISBN978-4-623-06725-1
Printed in Japan

発達と障害を考える本（全12巻）

障害をもつ子どもの視点に立ち，学校や家庭での支援のポイントをオールカラーイラストでわかりやすく紹介。
AB判・各56頁　本体1800円

①ふしぎだね!?　自閉症のおともだち
　内山登紀夫監修　諏訪利明・安倍陽子編
②ふしぎだね!?
　アスペルガー症候群［高機能自閉症］のおともだち
　内山登紀夫監修　安倍陽子・諏訪利明編
③ふしぎだね!?　LD（学習障害）のおともだち
　内山登紀夫監修　神奈川LD協会編
④ふしぎだね!?
　ADHD（注意欠陥多動性障害）のおともだち
　内山登紀夫監修　えじそんくらぶ　高山恵子編
⑤ふしぎだね!?　ダウン症のおともだち
　玉井邦夫監修
⑥ふしぎだね!?　知的障害のおともだち
　原　仁監修
⑦ふしぎだね!?　身体障害のおともだち
　日原信彦監修
⑧ふしぎだね!?　言語障害のおともだち
　牧野泰美監修　阿部厚仁編
⑨ふしぎだね!?　聴覚障害のおともだち
　倉内紀子監修
⑩ふしぎだね!?　視覚障害のおともだち
　千田耕基監修　大倉滋之編
⑪ふしぎだね!?　てんかんのおともだち
　原　仁監修
⑫発達って，障害って　なんだろう？
　日原信彦監修

やわらかアカデミズム・〈わかる〉シリーズ

よくわかる障害児教育［第3版］
　石部元雄・上田征三・高橋　実・柳本雄次編
　本体2400円

よくわかる発達障害［第2版］
　小野次朗・上野一彦・藤田継道編　本体2200円

よくわかる特別支援教育
　湯浅恭正編　本体2400円

よくわかる障害児保育
　尾崎康子・小林　真・水内豊和・阿部美穂子編
　本体2500円

よくわかる教育評価［第2版］
　田中耕治編　本体2500円

よくわかる授業論
　田中耕治編　本体2600円

ミネルヴァ書房
http://www.minervashobo.co.jp/